2017年国家司法考试
名师课堂

王斌三国法

王 斌 编著

真题篇

北京理工大学出版社
BEIJING INSTITUTE OF TECHNOLOGY PRESS

版权专有　侵权必究

图书在版编目（CIP）数据

王斌三国法．真题篇／王斌编著．—北京：北京理工大学出版社，2017.1
ISBN 978-7-5682-3537-2

Ⅰ.①王…　Ⅱ.①王…　Ⅲ.①国际法-资格考试-习题集②国际私法-资格考试-习题集③国际经济法-资格考试-习题集　Ⅳ.①D99

中国版本图书馆 CIP 数据核字（2016）第 325047 号

出版发行／北京理工大学出版社有限责任公司
社　　址／北京市海淀区中关村南大街 5 号
邮　　编／100081
电　　话／（010）68914775（总编室）
　　　　　（010）82562903（教材售后服务热线）
　　　　　（010）68948351（其他图书服务热线）
网　　址／http：//www.bitpress.com.cn
经　　销／全国各地新华书店
印　　刷／北京富泰印刷有限责任公司
开　　本／787 毫米×1092 毫米　1/16
印　　张／5.5　　　　　　　　　　　　　　　责任编辑／张慧峰
字　　数／123 千字　　　　　　　　　　　　　文案编辑／张慧峰
版　　次／2017 年 1 月第 1 版　2017 年 1 月第 1 次印刷　　责任校对／周瑞红
定　　价／16.00 元　　　　　　　　　　　　　责任印制／边心超

图书出现印装质量问题，请拨打售后服务热线，本社负责调换

序言

司法考试被称为"天下第一考",难在何处?不在于难以理解,而在于记得内容实在太多——几百万字的内容、上万法条,要在数个月内记忆并能运用,其任务之巨可以想象。初学者常问,可否有通过司考的"捷径"?不负任何代价的捷径肯定没有,但讲求策略的捷径存在,做历年真题就是一条捷径。这其中原因有三:

其一,真题是最好的模拟题。当前司法考试仍以题目形式考查学员,做题环节必不可少,而市面上各类题目林林总总、浩如烟海,初学者不得不面对信息轰炸与选择困惑,到底该选什么样的题去做——非真题莫属。真题是命题人根据当年考试大纲严谨编制,其规范性与难易度均为其他模拟题的指针,在做其他题目之前,先做历年真题,这对于"题感"的培养必不可少。

其二,真题为司考复习提供指引。面对司法考试卷帙浩繁的内容,考生总想知道哪些是复习的重点。其实,"重点"无非就是考试中经常出现的内容,考生通过做历年真题,只要将经常出现的考点加以总结,即可归纳出重点,并在复习过程中有针对性的投入,可起到事半功倍的效果。

其三,真题里可以遇到当年考试中类似的题目。在司法考试中,某些题目或考点隔几年改头换面重新包装后再次出现,这种现象司空见惯,甚至有时候连题目顺序都不曾改变,如:2004年和2011年试卷一的34题、2012年和2013年试卷一的32题。从这个角度看,做真题可谓一种"取巧"方法。

就"三国法"而言,通过梳理近年真题,可发现以下命题规律:

一是重者恒重。有些考点几乎年年出题,如国际法中的联合国、外交特权与豁免和领事特权与豁免,国际私法中的法律适用、国际司法协助,国际经济法中的贸易术语、《国际货物销售合同公约》、信用证、贸易救济措施等。

二是新者常考。首先是新增法律法规包括司法解释常考,如2013年试卷一76题考到的《出境入境管理法》(2013年7月施行),2013年起历年均考到的《最高人民法院关于适用〈中华人民共和国涉外民事关系法律适用法〉若干问题的解释(一)》(2013年1月施行)。其次是当年考试大纲新增考点常考,如2014年试卷一33题就涉及当年大纲新增考点"群岛水域"。

序 言

三是社会热点问题备受关注。凡当年发生的与司法考试内容相关的热点问题常被命题人关注,并编制为题目考查学员。如2011年试卷一32题涉及当年日本大地震后东京电力公司向大海排放核污水问题、2012年试卷一33题涉及当年韩日岛屿争端问题。

本书选取近六年司法考试"三国法"真题,力求简明,书中未尽之处,考生可参阅本系列丛书"知识篇"详解。

祝各位考生2017年顺利通过司法考试。

王 斌

2016年12月18日

目 录

2011 年司法考试三国法真题 ·· (1)
    一、单项选择题 ··· (1)
    二、多项选择题 ··· (8)
    三、不定项选择题 ··· (12)

2012 年司法考试三国法真题 ·· (15)
    一、单项选择题 ··· (15)
    二、多项选择题 ··· (22)
    三、不定项选择题 ··· (27)

2013 年司法考试三国法真题 ·· (30)
    一、单项选择题 ··· (30)
    二、多项选择题 ··· (37)
    三、不定项选择题 ··· (42)

2014 年司法考试三国法真题 ·· (46)
    一、单项选择题 ··· (46)
    二、多项选择题 ··· (53)
    三、不定项选择题 ··· (57)

2015 年司法考试三国法真题 ·· (60)
    一、单项选择题 ··· (60)
    二、多项选择题 ··· (67)

2016 年司法考试三国法真题 ·· (72)
    一、单项选择题 ··· (72)
    二、多项选择题 ··· (78)

2011年司法考试三国法真题

一、单项选择题

1. 甲国某核电站因极强地震引发爆炸后,甲国政府依国内法批准将核电站含低浓度放射性物质的大量污水排入大海。乙国海域与甲国毗邻,均为《关于核损害的民事责任的维也纳公约》缔约国。下列哪一说法是正确的?(2011-1-32)
   A. 甲国领土范围发生的事情属于甲国内政
   B. 甲国排污应当得到国际海事组织同意
   C. 甲国对排污的行为负有国际法律责任,乙国可通过协商与甲国共同解决排污问题
   D. 根据"污染者付费"原则,只能由致害方,即该核电站所属电力公司承担全部责任

答案( )①

【考点】国际赔偿责任

【解析】甲国的排污行为虽在其境内进行,但危害具有跨国性,对乙国将造成影响,已超出甲国的内政范围,A项错误。

国际海事组织宗旨为促进各国间的航运技术合作,鼓励各国在促进海上安全、提高船舶航行效率、防止和控制船舶对海洋污染方面采取统一的标准,处理有关的法律问题。本题并非涉及船舶污染海洋问题,无须得到国际海事组织同意,B项错误。

甲国的排污行为危害到乙国利益,应对此承担相应责任,两国可通过协商共同解决排污问题,C项正确。

根据《关于核损害的民事责任的维也纳公约》,在核能利用领域实行双重责任制,国家与营运人共同承担对外国损害的赔偿责任。国家保证承运人的赔偿责任,并在营运人不足赔偿的情况下,对规定的限额进行赔偿,D项错误。

2. 甲国人张某侵吞中国某国企驻甲国办事处的大量财产。根据中国和甲国的法律,张某的行为均认定为犯罪。中国与甲国没有司法协助协定。根据国际法相关规则,下列哪一选项是正确的? (2011-1-33)

参考答案:①C

A. 张某进入中国境内时,中国有关机关可依法将其拘捕

B. 中国对张某侵吞财产案没有管辖权

C. 张某乘甲国商船逃至公海时,中国有权派员在公海将其缉拿

D. 甲国有义务将张某引渡给中国

答案(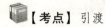)①

【考点】引渡

【解析】张某的行为依中国法律已构成犯罪,其进入中国境内时,中国有关机关可依法直接行使管辖权将其拘捕,A项正确。

张某侵吞中国某国企驻甲国办事处的大量财产,属危害中国国家利益的犯罪行为,中国司法机关可以根据保护性管辖对其行使管辖权,B项错误。

国家对公海上发生事件的管辖包括船旗国管辖和普遍管辖。张某乘甲国商船,船旗国并非中国,中国无权对其行使船旗国管辖。普遍管辖主要针对公海上发生的海盗、非法广播、贩奴、贩毒等特定国际罪行,并不包括张某所涉犯罪,因而中国也无权对其行使普遍管辖,C项错误。

根据一般国际法,除非有关引渡条约或国内法有特殊规定,各国有权拒绝引渡本国公民,D项错误。

3. 甲乙两国协议将其边界领土争端提交联合国国际法院。国际法院作出判决后,甲国拒不履行判决确定的义务。根据《国际法院规约》,关于乙国,下列哪一说法是正确的?(2011-1-34)

A. 可申请国际法院指令甲国国内法院强制执行

B. 可申请由国际法院强制执行

C. 可向联合国安理会提出申诉,请求由安理会作出建议或决定采取措施执行判决

D. 可向联大法律委员会提出申诉,由法律委员会决定采取行动执行判决

答案(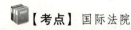)②

【考点】国际法院

【解析】根据《国际法院规约》,如有一方拒不执行判决,他方可向安理会提出申诉,安理会可以作出有关建议或决定采取措施执行判决,C项正确。

4. 在某涉外合同纠纷案件审判中,中国法院确定应当适用甲国法律。关于甲国法的查明和适用,下列哪一说法是正确的?(2011-1-35)

A. 当事人选择适用甲国法律的,法院应当协助当事人查明该国法律

B. 该案适用的甲国法包括该国的法律适用法

C. 不能查明甲国法的,适用中华人民共和国法律

D. 不能查明甲国法的,驳回当事人的诉讼请求

答案(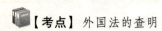)③

【考点】外国法的查明

参考答案:①A ②C ③C

【解析】《涉外民事关系法律适用法》第10条第1款规定:"涉外民事关系适用的外国法律,由人民法院、仲裁机构或者行政机关查明。当事人选择适用外国法律的,应当提供该国法律。"根据该条,当事人选择适用外国法时,法院无须负责查明,而应由当事人提供该外国法,A项错误。

《涉外民事关系法律适用法》第9条规定:"涉外民事关系适用的外国法律,不包括该国的法律适用法。"B项错误。

《涉外民事法律关系适用法》第10条第2款规定:"不能查明外国法律或者该国法律没有规定的,适用中华人民共和国法律。"可见,不能查明甲国法的,应适用中国法律,而非驳回当事人的诉讼请求,C项正确,D项错误。

5. 甲国A公司和乙国B公司共同出资组建了C公司,C公司注册地和主营业地均在乙国,同时在甲国、乙国和中国设有分支机构,现涉及中国某项业务诉诸中国某法院。根据我国相关法律规定,该公司的民事行为能力应当适用哪国法律?(2011-1-36)

A. 甲国法

B. 乙国法

C. 中国法

D. 乙国法或者中国法

答案( )①

【考点】 法人民事行为能力的法律适用

【解析】《涉外民事关系法律适用法》第14条规定:"法人及其分支机构的民事权利能力、民事行为能力、组织机构、股东权利义务等事项,适用登记地法律。法人的主营业地与登记地不一致的,可以适用主营业地法律。法人的经常居所地,为其主营业地。"本案中,C公司注册地和主营业地均在乙国,确定其民事行为能力应当适用乙国法,B项正确。

6. 台湾地区甲公司因合同纠纷起诉大陆乙公司,台湾地区法院判决乙公司败诉。乙公司在上海和北京均有财产,但未执行该判决。关于该判决的执行,下列哪一选项是正确的?(2011-1-37)

A. 甲公司向上海和北京的中级人民法院申请认可该判决的,由最先立案的中级人民法院管辖

B. 该判决效力低于人民法院作出的生效判决

C. 甲公司申请财产保全的,人民法院可以要求其提供有效的担保;不提供担保的,视情况决定是否准予财产保全

D. 甲公司申请认可该判决的,应当在判决效力确定后1年内提出

答案( )②

【考点】 台湾地区法院民事判决在内地的认可和执行

【解析】 最高院《关于认可和执行台湾地区法院民事判决的规定》第4条规定:"申请认可台湾地区法院民事判决的案件,由申请人住所地、经常居住地或者被申请人住所地、经常居住地、财

参考答案:①B ②A

产所在地中级人民法院或者专门人民法院受理。申请人向两个以上有管辖权的人民法院申请认可的,由最先立案的人民法院管辖。"A项正确。

该《规定》第17条规定:"经人民法院裁定认可的台湾地区法院民事判决,与人民法院作出的生效判决具有同等效力。"B项错误。

该《规定》第10条规定:"人民法院受理认可台湾地区法院民事判决的申请之前或者之后,可以按照民事诉讼法及相关司法解释的规定,根据申请人的申请,裁定采取保全措施。"同时,《民事诉讼法》第100条第2款规定:"人民法院采取保全措施,可以责令申请人提供担保,申请人不提供担保的,裁定驳回申请。"C项错误。

该《规定》第20条规定:"申请人申请认可和执行台湾地区法院民事判决的期间,适用民事诉讼法第239条的规定,但申请认可台湾地区法院有关身份关系的判决除外。"《民事诉讼法》第239条规定:"申请执行的期间为二年。"D项错误。

7.《涉外民事关系法律适用法》规定:结婚条件,适用当事人共同经常居所地法律;没有共同经常居所地的,适用共同国籍国法律;没有共同国籍,在一方当事人经常居所地或者国籍国缔结婚姻的,适用婚姻缔结地法律。该规定属于下列哪一种冲突规范?(2011-1-38)

A. 单边冲突规范
B. 重叠适用的冲突规范
C. 无条件选择适用的冲突规范
D. 有条件选择适用的冲突规范

📖 答案(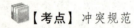 ①)

【考点】冲突规范

【解析】冲突规范的类型包括:单边冲突规范、双边冲突规范、重叠适用的冲突规范、选择适用的冲突规范四种。(1)单边冲突规范,直接规定适用某国法律。(2)双边冲突规范,并不直接规定适用内国法还是外国法,而是规定了一个可以推定适用的法律。(3)重叠适用的冲突规范,规定了两个或两个以上可以适用的法律,并且要求同时适用。(4)选择适用的冲突规范,规定了两个或两个以上可以适用的法律,选择其一予以适用。具体又分为如下两种:第一,无条件选择适用的冲突规范,即可供选择的法律中没有适用的先后顺序之分;第二,有条件选择适用的冲突规范,即可供选择的法律中,在适用时有先后顺序之分。本例给出的几个可以适用的法律中存在先后顺序,显然属于有条件选择适用的冲突规范,D项正确。

8. 中国某法院受理一涉外民事案件后,依案情确定应当适用甲国法。但在查找甲国法时发现甲国不同州实施不同的法律。关于本案,法院应当采取下列哪一做法?(2011-1-39)

A. 根据意思自治原则,由当事人协议决定适用甲国哪个州的法律
B. 直接适用甲国与该涉外民事关系有最密切联系的州法律
C. 首先适用甲国区际冲突法确定准据法,如甲国没有区际冲突法,适用中国法律
D. 首先适用甲国区际冲突法确定准据法,如甲国没有区际冲突法,适用与案件有最密切联系的

参考答案:①D

州法律

【考点】区际法律冲突

【解析】《涉外民事关系法律适用法》第6条规定:"涉外民事关系适用外国法律,该国不同区域实施不同法律的,适用与该涉外民事关系有最密切联系区域的法律。"B项正确。

9. 中国甲公司通过海运从某国进口一批服装,承运人为乙公司,提单收货人一栏写明"凭指示"。甲公司持正本提单到目的港提货时,发现货物已由丙公司以副本提单加保函提取。甲公司与丙公司达成了货款支付协议,但随后丙公司破产。甲公司无法获赔,转而向乙公司索赔。根据我国相关法律规定,关于本案,下列哪一选项是正确的?(2011-1-40)

A. 本案中正本提单的转让无须背书
B. 货物是由丙公司提走的,故甲公司不能向乙公司索赔
C. 甲公司与丙公司虽已达成货款支付协议,但未得到赔付,不影响甲公司要求乙公司承担责任
D. 乙公司应当在责任限制的范围内承担因无单放货造成的损失

【考点】无正本提单交付货物问题

【解析】本案中,提单收货人一栏写明"凭指示",该提单属于指示提单,指示提单转让需要经过背书,A项错误。

2009年最高院《关于审理无正本提单交付货物案件适用法律若干问题的规定》第3条第1款规定:"承运人因无正本提单交付货物造成正本提单持有人损失的,正本提单持有人可以要求承运人承担违约责任,或者承担侵权责任。"B项错误。

该司法解释第13条规定:"在承运人未凭正本提单交付货物后,正本提单持有人与无正本提单提取货物的人就货款支付达成协议,在协议款项得不到赔付时,不影响正本提单持有人就其遭受的损失,要求承运人承担无正本提单交付货物的民事责任。"C项正确。

该司法解释第4条规定:"承运人因无正本提单交付货物承担民事责任的,不适用《海商法》第56条关于限制赔偿责任的规定。"D项错误。

10. 进口到中国的某种化工材料数量激增,其中来自甲国的该种化工材料数量最多,导致中国同类材料的生产企业遭受实质损害。根据我国相关法律规定,下列哪一选项是正确的?(2011-1-41)

A. 中国有关部门启动保障措施调查,应以国内有关生产者申请为条件
B. 中国有关部门可仅对已经进口的甲国材料采取保障措施
C. 如甲国企业同意进行价格承诺,则可避免被中国采取保障措施
D. 如采取保障措施,措施针对的材料范围应当与调查范围相一致

参考答案:①B ②C ③D

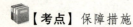【考点】 保障措施

【解析】《保障措施条例》第4条规定:"商务部没有收到采取保障措施的书面申请,但有充分证据认为国内产业因进口产品数量增加而受到损害的,可以决定立案调查。"A项错误。

条例第22条规定:"保障措施应当针对正在进口的产品实施,不区分产品来源国(地区)。"B项错误。

根据条例第19条:保障措施可以采取提高关税、数量限制等形式,并不包括价格承诺,C项错误。

条例第23条规定:"采取保障措施应当限于防止、补救严重损害并便利调整国内产业所必要的范围内。"D项正确。

11. 甲、乙、丙中国企业代表国内某食品原料产业向商务部提出反倾销调查申请,要求对原产于A国、B国、C国的该原料进行相关调查。经查,商务部终局裁定确定倾销成立,对国内产业造成损害,决定征收反倾销税。根据我国相关法律规定,下列哪一说法是正确的?(2011-1-42)

A. 反倾销税的纳税人是该原料的出口经营者

B. 在反倾销调查期间,商务部可以建议进口经营者作出价格承诺

C. 终裁决定确定的反倾销税额高于已付或应付临时反倾销税或担保金额的,差额部分不予征收

D. 终裁决定确定的反倾销税额低于已付或应付临时反倾销税或担保金额的,差额部分不予退还

答案( )①

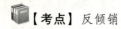【考点】 反倾销

【解析】《反倾销条例》第40条规定:"反倾销税的纳税人为倾销进口产品的进口经营者。"A项错误。

条例第31条第2款规定:"商务部可以向出口经营者提出价格承诺的建议。"因此,商务部提出建议的对象为出口经营者,而非进口经营者,B项错误。

条例第43条第3款规定:"终裁决定确定的反倾销税,高于已付或者应付的临时反倾销税或者为担保目的而估计的金额的,差额部分不予收取;低于已付或者应付的临时反倾销税或者为担保目的而估计的金额的,差额部分应当根据具体情况予以退还或者重新计算税额。"C项正确,D项错误。

12. 关于中国在世贸组织中的权利义务,下列哪一表述是正确的?(2011-1-43)

A. 承诺入世后所有中国企业都有权进行货物进出口,包括国家专营商品

B. 对中国产品的出口,进口成员在进行反倾销调查时选择替代国价格的做法,在《中国加入世界贸易组织议定书》生效15年后终止

C. 非专向补贴不受世界贸易组织多边贸易体制的约束,包括中国对所有国有企业的补贴

D. 针对中国产品的过渡性保障措施,在实施条件上与保障措施的要求基本相同,在实施程序上

参考答案:①C

相对简便

【考点】 中国入世承担的特殊义务

【解析】 《中国加入世界贸易组织议定书》(《中国加入议定书》)专门对贸易权作了规定,中国承诺逐步放开贸易经营权,在中国正式加入世贸组织的3年内,除国家专营商品外,所有中国企业都有权进行货物进出口。A项错误。

在《中国加入议定书》生效时,如果进口成员的国内法含有市场经济标准,一旦中国根据进口成员的国内法,确立中国在某一产业或部门方面是市场经济,倾销确定中有关方法的选择的规定应终止。无论中国能否证明市场经济这一点,该选择方法的规定在《中国加入世界贸易组织议定书》生效15年后终止。B项正确。

根据世界贸易组织反补贴规则,非专项补贴不受世界贸易组织多边贸易体制的约束,但如果中国政府提供的补贴的主要接受者是国有企业,或者接受了补贴中不成比例的大量数额,该补贴视为专项补贴。C项错误。

《中国加入议定书》特别规定了针对中国产品的过渡性保障措施机制。该机制专对中国产品实施,实施条件低于保障措施的要求。D项错误。

13. 根据《多边投资担保机构公约》,关于多边投资担保机构(MIGA)的下列哪一说法是正确的?(2011-1-44)

A. MIGA承保的险别包括征收和类似措施险、战争和内乱险、货币汇兑险和投资方违约险

B. 作为MIGA合格投资者(投保人)的法人,只能是具有东道国以外任何一个缔约国国籍的法人

C. 不管是发展中国家的投资者,还是发达国家的投资者,都可向MIGA申请投保

D. MIGA承保的前提条件是投资者母国和东道国之间有双边投资保护协定

答案(　　)②

【考点】 多边投资担保机构

【解析】 多边投资担保机构主要对海外投资的非商业性风险予以承保,其承保的险别主要包括征收和类似措施险、战争与内乱险、货币汇兑险和政府违约险,并不包括投资方违约险,A项错误。

如投资者与东道国联合申请,且用于投资的资本来自东道国境外,经机构董事会特别多数票通过,可将合格投资者扩大到东道国的自然人、在东道国注册的法人以及其多数资本为东道国国民所有的法人,B项错误。

无论是发展中国家的投资者,还是发达国家的投资者,都可向MIGA申请投保,公约对此并没有限制,C项正确。

MIGA承保的前提条件是投资者母国和东道国均为《多边投资担保机构公约》的成员国,但并不

参考答案:①B　②C

要求投资者母国和东道国之间有双边投资保护协定,D项错误。

二、多项选择题

14. 甲河是多国河流,乙河是国际河流。根据国际法相关规则,下列哪些选项是正确的?(2011-1-74)

　　A. 甲河沿岸国对甲河流经本国的河段拥有主权
　　B. 甲河上游国家可对自己享有主权的河段进行改道工程,以解决自身缺水问题
　　C. 乙河对非沿岸国商船也开放
　　D. 乙河的国际河流性质决定了其属于人类共同的财产

答案(①)

【考点】多国河流和国际河流

【解析】多国河流是流经两个或两个以上国家的河流,其流经各国的河段分别属于各国领土,各国分别对位于其领土的一段拥有主权,A项正确。

　　对多国河流的航行、使用、管理等事项,一般应由有关国家协议解决,各国不得有害地利用该河流,不得使河流改道或堵塞河流,B项错误。

　　国际河流是通过条约规定对所有国家开放航行的多国河流。国际河流一般允许所有国家的船舶特别是商船无害航行,C项正确。

　　国际河流流经各国领土的河段仍然是该国主权下的领土,并非人类共同的财产,D项错误。

15. 甲国发生内战,乙国拟派民航包机将其侨民接回,飞机需要飞越丙国领空。根据国际法相关规则,下列哪些选项是正确的?(2011-1-75)

　　A. 乙国飞机因接其侨民,得自行飞越丙国领空
　　B. 乙国飞机未经甲国许可,不得飞入甲国领空
　　C. 乙国飞机未经允许飞越丙国领空,丙国有权要求其在指定地点降落
　　D. 丙国军机有权在警告后将未经许可飞越丙国领空的乙国飞机击落

答案(②)

【考点】民用航空法

【解析】根据领空主权原则,国家对其领空拥有完全的和排他的主权,外国航空器进入国家领空须经该国许可并遵守领空国有关法律。A项错误,B项正确。

　　对于非法入境的外国民用航空器,国家可以行使主权,采取符合国际法有关规则的任何适当手段,包括要求其终止此类侵犯立即离境或要求其在指定地点降落,但不得危及航空器内人员的生命和航空器的安全,避免使用武器。C项正确,D项错误。

16. 根据国际法相关规则,关于国际争端解决方式,下列哪些表述是正确的?(2011-1-76)

参考答案:①AC　②BC

A. 甲乙两国就界河使用发生纠纷,丙国为支持甲国可出面进行武装干涉
B. 甲乙两国发生边界争端,丙国总统可出面进行调停
C. 甲乙两国可书面协议将两国的专属经济区争端提交联合国国际法院,国际法院对此争端拥有管辖权
D. 国际法院可就国际争端解决提出咨询意见,该意见具有法律拘束力

答案（　　）①

【考点】 国际争端解决

【解析】 当前国际法下,国际争端应和平解决,通过武装干涉介入他国间争端不符合国际法,A项错误。

调停是第三方以调停人的身份,就争端的解决提出方案,并直接参加或主持谈判,以协助争端解决,其属于解决国际争端的非强制方法,B项正确。

对于任何争端,当事国都可以在争端发生后,达成协议,将争端提交国际法院,法院根据当事国各方的同意进行管辖,C项正确。

国际法院可就国际争端解决提出咨询意见,该意见没有法律拘束力,D项错误。

17. 根据我国有关法律规定,关于涉外民事关系的法律适用,下列哪些领域采用当事人意思自治原则？（2011－1－77）

A. 合同
B. 侵权
C. 不动产物权
D. 诉讼离婚

答案（　　）②

【考点】 意思自治原则

【解析】《涉外民事关系法律适用法》第41条规定:"当事人可以协议选择合同适用的法律。当事人没有选择的,适用履行义务最能体现该合同特征的一方当事人经常居所地法律或者其他与该合同有最密切联系的法律。"A项正确。

《涉外民事关系法律适用法》第44条规定:"侵权责任,适用侵权行为地法律,但当事人有共同经常居所地的,适用共同经常居所地法律。侵权行为发生后,当事人协议选择适用法律的,按照其协议。"B项正确。

《涉外民事关系法律适用法》第36条规定:"不动产物权,适用不动产所在地法律。"C项错误。

《涉外民事关系法律适用法》第27条规定:"诉讼离婚,适用法院地法律。"D项错误。

18. 甲国人特里长期居于乙国,丙国人王某长期居于中国,两人在北京经营相互竞争的同种产品。特里不时在互联网上发布不利于王某的消息,王某在中国法院起诉特里侵犯其名誉权、肖像权和姓名权。关于该案的法律适用,根据我国相关法律规定,下列哪些选项是错误的？（2011－1－

参考答案:①BC　②AB

78）

A. 名誉权的内容应适用中国法律，因为权利人的经常居住地在中国
B. 肖像权的侵害适用甲国法律，因为侵权人是甲国人
C. 姓名权的侵害适用乙国法律，因为侵权人的经常居所地在乙国
D. 网络侵权应当适用丙国法律，因为被侵权人是丙国人

答案（　　）①

【考点】知识产权、网络侵权的法律适用

【解析】《涉外民事关系法律适用法》第15条规定："人格权的内容，适用权利人经常居所地法律。"A项正确。

《涉外民事关系法律适用法》第46条规定："通过网络或者采用其他方式侵害姓名权、肖像权、名誉权、隐私权等人格权的，适用被侵权人经常居所地法律。"本题中，被侵权人王某经常居所地在中国，应适用中国法，B、C、D项错误。

19. 香港地区甲公司与内地乙公司发生投资纠纷，乙公司诉诸某中级人民法院。陈某是甲公司法定代表人，张某是甲公司的诉讼代理人。关于该案的文书送达及法律适用，下列哪些选项是正确的？（2011－1－79）

A. 如陈某在内地，受案法院必须通过上一级人民法院向其送达
B. 如甲公司在授权委托书中明确表明张某无权代为接收有关司法文书，则不能向其送达
C. 如甲公司在内地设有代表机构的，受案人民法院可直接向该代表机构送达
D. 同时采用公告送达和其他多种方式送达的，应当根据最先实现送达的方式确定送达日期

答案（　　）②

【考点】内地与香港司法文书的送达

【解析】2009年最高院《关于涉港澳民商事案件司法文书送达问题若干规定》第3条规定："作为受送达人的自然人或者企业、其他组织的法定代表人、主要负责人在内地的，人民法院可以直接向该自然人或者法定代表人、主要负责人送达。"据此，陈某作为甲公司法定代表人如位于内地，人民法院可向其直接送达，无须通过上一级法院，A项错误。

该司法解释第4条规定："除受送达人在授权委托书中明确表明其诉讼代理人无权代为接收有关司法文书外，其委托的诉讼代理人为有权代其接受送达的诉讼代理人，人民法院可以向该诉讼代理人送达。"B项正确。

该司法解释第5条第1款规定："受送达人在内地设立有代表机构的，人民法院可以直接向该代表机构送达。"C项正确。

该司法解释第10条规定："除公告送达方式外，人民法院可以同时采取多种法定方式向受送达人送达。采取多种方式送达的，应当根据最先实现送达的方式确定送达日期。"可见，公告送达与其他送达方式不能同时采用，D项错误。

参考答案：①BCD　②BC

20. 中国甲公司与某国乙公司签订茶叶出口合同,并投保水渍险,议定由丙公司"天然"号货轮承运。下列哪些选项属于保险公司应赔偿范围?(2011-1-80)

A. 运输中因茶叶串味等外来原因造成货损

B. 运输中因"天然"号过失与另一轮船相撞造成货损

C. 运输延迟造成货损

D. 运输中因遭遇台风造成部分货损

答案()①

【考点】 国际海运保险

【解析】 串味异味属一般外来原因,为一切险的承保范围,水渍险并不涉及,A项错误。

两船相撞属意外事故,意外事故造成的损失属于水渍险的承保范围,B项正确。

运输迟延属于海洋货物运输保险中的除外责任,保险公司对此免责,C项错误。

台风属于自然灾害,自然灾害造成的部分损失属于水渍险的承保范围,D项正确。

21. 关于《解决国家和他国国民间投资争端公约》和依其设立的解决国际投资争端中心,下列哪些说法是正确的?(2011-1-81)

A. 中心管辖直接因投资引起的法律争端

B. 中心管辖的争端必须是关于法律权利或义务的存在或其范围,或是关于因违反法律义务而实行赔偿的性质或限度的

C. 批准或加入公约本身并不等于缔约国承担了将某一特定投资争端提交中心调解或仲裁的义务

D. 中心的裁决对争端各方均具有约束力

答案()②

【考点】 国际投资争端解决

【解析】 根据公约第25条第1款,中心的管辖适用于缔约国和另一缔约国国民之间直接因投资而产生的任何法律争端,A项正确。

依世界银行董事会《关于〈解决国家与他国国民民间投资争端公约〉的报告》的解释:"争端必须是关于法律权利或义务的存在或其范围,或是关于因违反法律义务而实行赔偿的性质或限度的",B项正确。

根据公约,中心仅对争端双方书面同意提交给中心裁决的争端有管辖权,而批准或加入公约本身并不等于缔约国承担了将某一特定投资争端提交中心调解或裁决的义务,C项正确。

依公约第53条:中心的裁决对争端各方均具有约束力,不得进行任何上诉或采取任何其他除本公约规定外的补救办法,D项正确。

22. 甲国公司承担乙国某工程,与其签订工程建设合同。丙银行为该工程出具见索即付的保函。后乙国发生内战,工程无法如期完工。对此,下列哪些选项是正确的?(2011-1-82)

参考答案:①BD ②ABCD

A. 丙银行对该合同因战乱而违约的事实进行实质审查后,方履行保函义务
B. 因该合同违约原因是乙国内战,丙银行可以此为由不履行保函义务
C. 丙银行出具的见索即付保函独立于该合同,只要违约事实出现即须履行保函义务
D. 保函被担保人无须对甲国公司采取各种救济方法,便可直接要求丙银行履行保函义务

答案( )①

【考点】国际融资担保

【解析】见索即付保函,又称见索即付担保,或独立保函,指一旦主债务人违约,贷款人无须先向主债务人追索,即可无条件要求担保人承担第一偿付责任的保证。见索即付保函具有无条件性,担保人仅凭受益人提出的要求即应付款,而不问付款要求是否有合理依据,无须核实借款是否违约,A项错误。

见索即付保函具有独立性,即担保人所承担的义务独立于基础合同,担保人不能以基础合同的履行、修改或无效等对抗受益人,只要违约事实出现,担保人就须履行保函义务。B项错误,C项正确。

担保人在见索即付保函下承担的是第一顺位的、独立的还款义务,一旦借款人不履约,贷款人事先无须对借款人采取各种救济方法,便可直接要求担保人承担还款责任,D项正确。

三、不定项选择题

A公司和B公司于2011年5月20日签订合同,由A公司将一批平板电脑售卖给B公司。A公司和B公司营业地分别位于甲国和乙国,两国均为《联合国国际货物销售合同公约》缔约国。合同项下的货物由丙国C公司的"潇湘"号商船承运,装运港是甲国某港口,目的港是乙国某港口。在运输途中,B公司与中国D公司就货物转卖达成协议。请回答第97~100题。

23. "潇湘"号运送该批平板电脑的航行路线要经过丁国的毗连区。根据《联合国海洋法公约》,下列选项正确的是:(2011-1-97)

A. "潇湘"号在丁国毗连区通过时的权利和义务与在丁国领海的无害通过相同
B. 丁国可在"潇湘"号通过时对毗连区上空进行管制
C. 丁国可根据其毗连区领土主权对"潇湘"号等船舶规定分道航行
D. "潇湘"号应遵守丁国在海关、财政、移民和卫生等方面的法律规定

答案( )②

【考点】毗邻区

【解析】毗连区是沿海国在领海以外毗连领海划定的一定宽度的海水带,在此区域中,沿海国对海关、财政、移民和卫生等特定事项行使某种管制权,而毗连区的其他性质取决于其所依附的海域,或为公海或为专属经济区。与领海不同,毗连区并不实行无害通过制度。A项错误。

参考答案:①CD ②D

沿海国对其毗连区的管制范围仅限于毗连区海域,不包括其上空。B项错误。

毗连区并非国家领土,沿海国对毗邻区不享有领土主权。C项错误。

沿海国可以在其毗邻区内对海关、财政、移民和卫生等特定事项行使某种管制权,通过船舶应当遵守沿海国的相关法律规定。D项正确。

24. B公司与D公司就运输途中平板电脑的所有权产生了争议,D公司将争议诉诸中国某法院。根据我国有关法律适用的规定,关于平板电脑所有权的法律适用,下列选项正确的是:(2011-1-98)

A. 当事人有约定的,可以适用当事人选择的法律,也可以适用乙国法

B. 当事人有约定的,应当适用当事人选择的法律

C. 当事人没有约定的,应当适用甲国法

D. 当事人没有约定的,应当适用乙国法

答案(　①　)

【考点】动产物权的法律适用

【解析】《涉外民事关系法律适用法》第38条规定:"当事人可以协议选择运输中动产物权发生变更适用的法律。当事人没有选择的,适用运输目的地法律。"本题中,运输目的地为乙国。B、D项正确。

25. 在贸易术语适用上,A、B公司在双方的买卖合同中仅约定适用FOB术语。对此,下列选项正确的是:(2011-1-99)

A. 该合同应当适用2010年《国际贸易术语解释通则》

B. 货物的风险应自货交C公司时由A公司转移给B公司

C. B公司必须自付费用订立从指定装运港运输货物的合同

D. 因当事人选择了贸易术语,故不再适用《联合国国际货物买卖公约》

答案(　②　)

【考点】FOB

【解析】2000年通则与2010年通则两个版本并存,选用哪个版必须由当事人约定,并非一定适用2010年通则,A项错误。

对于FOB术语,2000年通则规定货物在装运港越过船舷时风险转移,2010年通则将风险转移时间改为货物装上船时,无论依哪个通则,B项表述均为错误。

FOB术语下,买方负责运输,C项正确。

双方选择适用贸易术语,并不排除《国际货物销售合同公约》的适用,在贸易术语没有具体规定的方面仍可以适用公约,D项错误。

26. 如货物运抵乙国后,乙国的E公司指控该批平板电脑侵犯其在乙国取得的专利权,致使货物遭乙国海关扣押,B公司向A公司索赔。在下列选项中,A公司无须承担责任的情形是:(2011-1-

参考答案:①BD　②C

100)

A. A公司在订立合同时不知道这批货物可能依乙国法属侵权

B. B公司在订立合同时知道这批货物存在第三者权利

C. A公司是遵照B公司提供的技术图样和款式进行生产的

D. B公司在订立合同后知道这批货物侵权但未在合理时间内及时通知A公司

答案( )①

【考点】《国际货物销售合同公约》

【解析】 根据公约,卖方所交付的货物,必须是第三方不能根据工业产权或其他知识产权主张任何权利或要求的货物。同时,公约对该义务规定了两种例外情形。(1)地域限制,卖方并不是对第三方依据任何一国的法律所提出的知识产权的权利或请求都要向买方承担责任,而只是在下列两种情况下才须向买方负责:第一,依据货物的预期转售地法律;第二,依据买方营业地所在国法律。(2)主观限制,在下列两种情况下,卖方的知识产权担保义务免除:第一,买方在订立合同时已知道或不可能不知道此项权利或要求;第二,此项权利或要求的发生,是由于卖方要遵照买方所提供的技术图样、图案、款式或其他规格。

乙国为买方营业地所在国,卖方应担保货物不能被依买方营业地所在国法律提出知识产权要求,A项错误。

买方在订立合同时已知道此项权利,此项权利的发生是由于卖方要遵照买方所提供的技术图样和款式,这均属主观限制情形,卖方可以免责,B、C项正确。

根据公约,当买方已知道或理应知道第三方的权利或要求后一段合理时间内,应将此项权利或要求通知卖方,否则,即丧失了要求卖方辩驳第三方的权利,卖方可以免责,D项正确。

参考答案:①BCD

2012年司法考试三国法真题

一、单项选择题

1. 甲、乙、丙3国均为《维也纳外交关系公约》缔约国。甲国汤姆长期旅居乙国,结识甲国驻乙国大使馆参赞杰克,2人在乙国与丙国汉斯发生争执并互殴,汉斯被打成重伤。后,杰克将汤姆秘匿于使馆休息室。关于事件的处理,下列哪一选项是正确的?(2012－1－32)

   A. 杰克行为已超出职务范围,乙国可对其进行逮捕
   B. 该使馆休息室并非使馆工作专用部分,乙国警察有权进入逮捕汤姆
   C. 如该案件在乙国涉及刑事诉讼,杰克无作证义务
   D. 因该案发生在乙国,丙国法院无权对此进行管辖

   答案(　　)①

【考点】外交特权与豁免、保护性管辖

【解析】根据《维也纳外交关系公约》,外交人员人身不可侵犯,接受国不得对外交人员搜查、逮捕或拘留,A项错误。

根据公约,使馆馆舍不得侵犯,接受国人员非经使馆馆长许可,不得进入使馆任何地方,包括使馆专用和非专用部分,B项错误。

根据公约,外交人员没有出庭作证的义务,C项正确。

根据保护性管辖原则,国家对于在本国领域外从事对该国国家或其公民犯罪行为的外国人有进行管辖的权利。本题中,虽然案件发生在乙国,但受害人为丙国公民,丙国可依据保护性管辖原则对案件进行管辖,D项错误。

2. 甲、乙是联合国会员国。甲作出了接受联合国国际法院强制管辖的声明,乙未作出接受联合国国际法院强制管辖的声明。甲、乙也是《联合国海洋法公约》的当事国,现对相邻海域中某岛屿归属产生争议。关于该争议的处理,下列哪一选项是不符合国际法的?(2012－1－33)

   A. 甲、乙可达成协议将争议提交联合国国际法院
   B. 甲、乙可自愿选择将争议提交联合国国际法院或国际海洋法庭

参考答案:①C

C. 甲可单方将争议提交联合国国际法院
D. 甲、乙可自行协商解决争议

答案（ C ）①

【考点】国际争端解决

【解析】对于任何争端，当事国都可以在争端发生后，达成协议，将争端提交国际法院，法院根据当事国各方的同意进行管辖，A项正确。

国际海洋法庭的管辖不具有排他性，其并不排除国际法院对海洋争端的管辖，争端当事国可以自愿选择将争端交由哪个机构来审理，B项正确。

国际法院对某案件进行管辖须获得争端双方的同意，仅单方提交而未获得另一方同意国际法院无权管辖，C项错误。

国际争端解决的方法包括强制方法和非强制方法。非强制方法是指争端各方在自愿的基础上解决国际争端的方法，包括谈判与协商、斡旋与调停、调查与和解，D项正确。

3. 甲、乙国发生战争，丙国发表声明表示恪守战时中立义务。对此，下列哪一做法不符合战争法？（2012－1－34）
   A. 甲、乙战争开始后，除条约另有规定外，二国间商务条约停止效力
   B. 甲、乙不得对其境内敌国人民的私产予以没收
   C. 甲、乙交战期间，丙可与其任一方保持正常外交和商务关系
   D. 甲、乙交战期间，丙同意甲通过自己的领土过境运输军用装备

答案（ D ）②

【考点】战争状态、战时中立

【解析】战争开始后，两国间一般的政治和经济类条约，如引渡条约、商务条约等，除条约另有规定外，停止效力。A项正确。

战争开始后，交战国对其境内的敌国国家财产，除属于使馆的财产档案等外，可予以没收；对其境内的敌国人民的私产可予以限制，如禁止转移、冻结或征用，但不得没收。B项正确。

战时中立，指在战争时期，非交战国选择不参与战争、保持对交战双方不偏不倚的法律地位。中立国可与交战国中任何一方保持正常关系及交往。C项正确。

一旦选择战时中立，则应承担防止义务，即中立国有义务采取一切措施，防止交战国在其领土内从事与战争有关的行为，如在该区域征兵、备战、建立军事设施、军队或军事物资过境等。D项显然违反了该项义务，不符合国际法。

4. 甲国公民琼斯的经常居住地在乙国，其在中国居留期间，因合同纠纷在中国法院参与民事诉讼。关于琼斯的民事能力的法律适用，下列哪一选项是正确的？（2012－1－35）
   A. 民事权利能力适用甲国法
   B. 民事权利能力适用中国法

参考答案：①C ②D

C. 民事行为能力应重叠适用甲国法和中国法

D. 依照乙国法琼斯为无民事行为能力,依照中国法为有民事行为能力的,其民事行为能力适用中国法

答案(　　)①

【考点】自然人权利能力和行为能力的法律适用

【解析】《涉外民事关系法律适用法》第11条规定:"自然人的民事权利能力,适用经常居所地法律。"琼斯的经常居所地在乙国,应适用乙国法,A、B项错误。

《涉外民事关系法律适用法》第12条规定:"自然人的民事行为能力,适用经常居所地法律。自然人从事民事活动,依照经常居所地法律为无民事行为能力,依照行为地法律为有民事行为能力的,适用行为地法律,但涉及婚姻家庭、继承的除外。"C项错误,D项正确。

5. 某甲国公民经常居住地在甲国,在中国收养了长期居住于北京的中国儿童,并将其带回甲国生活。根据中国关于收养关系法律适用的规定,下列哪一选项是正确的?(2012-1-36)

A. 收养的条件和手续应同时符合甲国法和中国法

B. 收养的条件和手续符合中国法即可

C. 收养效力纠纷诉至中国法院的,应适用中国法

D. 收养关系解除的纠纷诉至中国法院的,应适用甲国法

答案(　　)②

【考点】涉外收养的法律适用

【解析】《涉外民事关系法律适用法》第28条规定:"收养的条件和手续,适用收养人和被收养人经常居所地法律。收养的效力,适用收养时收养人经常居所地法律。收养关系的解除,适用收养时被收养人经常居所地法律或者法院地法律。"本题中,收养人经常居所地在甲国,被收养人经常居所地在中国,A项正确,B项错误。

依据该条,收养的效力应适用收养时收养人经常居所地法律,即甲国法,C项错误。

依据该条,收养关系的解除,适用收养时被收养人经常居所地法律或者法院地法律。本题中,被收养人经常居所地和法院地均在中国,D项错误。

6. 居住于我国台湾地区的当事人张某在大陆某法院参与民事诉讼。关于该案,下列哪一选项是不正确的?(2012-1-37)

A. 张某与大陆当事人有同等诉讼权利和义务

B. 确定应适用台湾地区民事法律的,受案的法院予以适用

C. 如张某在大陆,民事诉讼文书可以直接送达

D. 如张某在台湾地区地址明确,可以邮寄送达,但必须在送达回证上签收

答案(　　)③

【考点】涉台民事诉讼

参考答案:①D　②A　③D

【解析】 最高院《关于审理涉台民商事案件法律适用问题的规定》第2条规定:"台湾地区当事人在人民法院参与民事诉讼,与大陆当事人有同等的诉讼权利和义务,其合法权益受法律平等保护。"A项正确。

《关于审理涉台民商事案件法律适用问题的规定》第1条第2款规定:"根据法律和司法解释中选择适用法律的规则,确定适用台湾地区民事法律的,人民法院予以适用。"B项正确。

根据最高院《关于涉台民事诉讼文书送达的若干规定》第3条第1项:"受送达人居住在大陆的,直接送达。"C项正确。

根据最高院《关于涉台民事诉讼文书送达的若干规定》第3条第5项:"受送达人在台湾地区的地址明确的,可以邮寄送达。"同时,该司法解释第5条规定,"采用本规定第三条第一款第(五)项方式送达的,应当附有送达回证。受送达人未在送达回证上签收但在邮件回执上签收的,视为送达,签收日期为送达日期。"D项错误。

7. 某外国公民阮某因合同纠纷在中国法院起诉中国公民张某。关于该民事诉讼,下列哪一选项是正确的?(2012-1-38)

A. 阮某可以委托本国律师以非律师身份担任诉讼代理人

B. 受阮某委托,某该国驻华使馆官员可以以个人名义担任诉讼代理人,并在诉讼中享有外交特权和豁免权

C. 阮某和张某可用明示方式选择与争议有实际联系的地点的法院管辖

D. 中国法院和外国法院对该案都有管辖权的,如张某向外国法院起诉,阮某向中国法院起诉,中国法院不能受理

答案(　　)①

【考点】 国际民事诉讼

【解析】《民诉法解释》第528条规定:"涉外民事诉讼中的外籍当事人,可以委托本国人为诉讼代理人,也可以委托本国律师以非律师身份担任诉讼代理人;外国驻华使领馆官员,受本国公民的委托,可以以个人名义担任诉讼代理人,但在诉讼中不享有外交或者领事特权和豁免。"A项正确,B项错误。

《民事诉讼法》第34条规定:"合同或者其他财产权益纠纷的当事人可以书面协议选择被告住所地、合同履行地、合同签订地、原告住所地、标的物所在地等与争议有实际联系的地点的人民法院管辖,但不得违反本法对级别管辖和专属管辖的规定。"C项表述中并未强调级别管辖和专属管辖的限制,如其选择违反了相关规定,则其选择也不被允许;同时,该条规定为"书面协议选择",而"明示方式选择"既包括书面形式,也可以是口头形式,其用语不准确。C项错误。

根据《民诉法解释》第533条:"中华人民共和国法院和外国法院都有管辖权的案件,一方当事人向外国法院起诉,而另一方当事人向中华人民共和国法院起诉的,人民法院可予受理。"D项错误。

8. 当事人欲将某外国法院作出的民事判决申请中国法院承认和执行。根据中国法律,下列哪

参考答案:①A

一选项是错误的?(2012—1—39)

A. 该判决应向中国有管辖权的法院申请承认和执行
B. 该判决应是外国法院作出的发生法律效力的判决
C. 承认和执行该判决的请求须由该外国法院向中国法院提出,不能由当事人向中国法院提出
D. 如该判决违反中国的公共利益,中国法院不予承认和执行

答案()①

【考点】外国法院判决的承认和执行

【解析】《民事诉讼法》第281条规定:"外国法院作出的发生法律效力的判决、裁定,需要中华人民共和国人民法院承认和执行的,可以由当事人直接向中华人民共和国有管辖权的中级人民法院申请承认和执行,也可以由外国法院依照该国与中华人民共和国缔结或者参加的国际条约的规定,或者按照互惠原则,请求人民法院承认和执行。"A、B项正确,C项错误。

《民事诉讼法》第282条规定:"人民法院对申请或者请求承认和执行的外国法院作出的发生法律效力的判决、裁定,依照中华人民共和国缔结或者参加的国际条约,或者按照互惠原则进行审查后,认为不违反中华人民共和国法律的基本原则或者国家主权、安全、社会公共利益的,裁定承认其效力,需要执行的,发出执行令,依照本法的有关规定执行。违反中华人民共和国法律的基本原则或者国家主权、安全、社会公共利益的,不予承认和执行。"D项正确。

9.《服务贸易总协定》规定了服务贸易的方式,下列哪一选项不属于协定规定的服务贸易?(2012—1—40)

A. 中国某运动员应聘到美国担任体育教练
B. 中国某旅行公司组团到泰国旅游
C. 加拿大某银行在中国设立分支机构
D. 中国政府援助非洲某国一笔资金

答案( )②

【考点】《服务贸易总协定》

【解析】《服务贸易总协定》所规定的服务贸易的方式包括四种:(1)跨境服务,从一国境内向另一国境内提供服务,如通过电信、网络等跨境提供咨询服务;(2)境外消费,在一国境内向来自另一国的服务消费者提供服务,如一国居民到另一国境内旅游、求学等;(3)商业存在,一国的服务提供者通过在另一国境内设立的机构提供服务,如一国的机构到另一国开设银行、保险公司、律师事务所等;(4)自然人流动,一国的服务提供者以自然人的身份进入另一国境内提供服务,如一国的医生、律师到另一国境内直接提供医疗或法律咨询服务。

A项为自然人流动,B项为境外消费,C项为商业存在,D项不属于上述四种情形。

10.部分中国企业向商务部提出反倾销调查申请,要求对原产于某国的某化工原材料进口产品进行相关调查。经查,商务部终局裁定确定倾销成立,决定征收反倾销税。根据我国相关法律规

参考答案:①C ②D

定,下列哪一说法是正确的?(2012—1—41)

A. 构成倾销的前提是进口产品对我国化工原材料产业造成了实质损害,或者产生实质损害威胁

B. 对不同出口经营者应该征收同一标准的反倾销税税额

C. 征收反倾销税,由国务院关税税则委员会做出决定,商务部予以执行

D. 与反倾销调查有关的对外磋商、通知和争端事宜由外交部负责

答案(①   )

【考点】反倾销

【解析】《反倾销条例》第2条规定:"进口产品以倾销方式进入中华人民共和国市场,并对已经建立的国内产业造成实质损害或者产生实质损害威胁,或者对建立国内产业造成实质阻碍的,依照本条例的规定进行调查,采取反倾销措施。"A项正确。

《反倾销条例》第41条规定:"反倾销税应当根据不同出口经营者的倾销幅度,分别确定。对未包括在审查范围内的出口经营者的倾销进口产品,需要征收反倾销税的,应当按照合理的方式确定对其适用的反倾销税。"B项错误。

《反倾销条例》第38条规定:"征收反倾销税,由商务部提出建议,国务院关税税则委员会根据商务部的建议作出决定,由商务部予以公告。海关自公告规定实施之日起执行。"C项错误。

《反倾销条例》第57条规定:"商务部负责与反倾销有关的对外磋商、通知和争端解决事宜。"D项错误。

11. 甲、乙均为世界贸易组织成员国。乙称甲关于影像制品的进口管制违反国民待遇原则,为此向世界贸易组织提出申诉,并经专家组和上诉机构审理。对此,下列哪一选项是正确的?(2012—1—42)

A. 甲、乙磋商阶段达成的谅解协议,可被用于后续争端解决审理

B. 专家组可对未在申请书中指明的诉求予以审查

C. 上诉机构可将案件发回专家组重审

D. 上诉案件由上诉机构7名成员中3人组成上诉庭审理

答案(②   )

【考点】WTO争端解决

【解析】磋商是申请设立专家组的前提条件。但磋商事项及磋商的充分性,与设立专家组的申请及专家组作出的裁定没有关系,A项错误。

专家组基于申诉方在设立专家组的申请中确立的权限范围审理案件,对争端方没有提出的主张,专家组不能作出裁决,B项错误。

上诉机构是争端解决机构中的常设机构,它负责对被提起上诉的专家组报告中的法律问题和专家组进行的法律解释进行审查,可以推翻、修改或撤销专家组的调查结果和结论,但是无权将案件

参考答案:①A ②D

发回重审,C项错误。

上诉机构由7名成员组成,定期举行例会,上诉案件由其中3人组成上诉庭审理,D项正确。

12. 甲、乙均为《解决国家和他国公民间投资争端公约》缔约国。甲国A公司拟将与乙的争端提交根据该公约成立的解决国际投资争端中心。对此,下列哪一选项是不正确的?(2012-1-43)

A. 该中心可根据A公司的单方申请对该争端行使管辖权

B. 该中心对该争端行使管辖权,须以A公司和乙书面同意为条件

C. 如乙没有特别规定,该中心对争端享有管辖权不以用尽当地救济为条件

D. 该中心对该争端行使管辖权后,可依争端双方同意的法律规则作出裁决

答案(①)

【考点】国际投资争端解决

【解析】根据《解决国家和他国公民间投资争端公约》,中心仅对争端双方书面同意提交给ICSID裁决的争端有管辖权,仅其中一方单方申请,中心无权管辖,A项错误,B项正确。

根据公约,双方同意根据本公约交付仲裁,应视为同意排除任何其他救济方法而交付中心仲裁,例外情形是,缔约国可以要求以用尽该国行政或司法救济作为其同意根据本公约交付仲裁的条件。C项正确。

根据公约,中心应依双方同意的法律规则对争端作出裁决,如果双方没有达成协议,则应适用作为争端一方的缔约国的国内法(包括其冲突法规范)以及可适用的国际法,D项正确。

13. 关于中国与世界贸易组织的相关表述,下列哪一选项是不正确的?(2012-1-44)

A. 世界贸易组织成员包括加入世界贸易组织的各国政府和单独关税区政府,中国香港、澳门和台湾是世界贸易组织的成员

B.《政府采购协议》属于世界贸易组织法律体系中诸边贸易协议,该协议对于中国在内的所有成员均有约束力

C.《中国加入世界贸易组织议定书》中特别规定了针对中国产品的特定产品的过渡性保障措施机制

D.《关于争端解决规则与程序的谅解》在世界贸易组织框架下建立了统一的多边贸易争端解决机制

答案(②)

【考点】世贸组织的法律体系

【解析】世界贸易组织的成员是加入世界贸易组织的各国政府和单独关税区政府。单独关税区,是指不具有独立完整的国家主权,但在处理对外贸易关系及世界贸易组织协定规定的其他事项方面有完全、自主权的地区。中国香港、澳门和台湾都属单独关税区。A项正确。

世界贸易组织的法律规则分两类:第一类是多边贸易协议,包括《世界贸易组织协定》及其附件1、2、3,对所有成员具有约束力;第二类是诸边贸易协议,主要由附件4组成,包括《民用航空器贸易

参考答案:①A ②B

协议》《政府采购协议》《奶制品协议和牛肉协议》(后2个协议已于1977年失效),只对参加协议的成员具有约束力。B项错误。

《中国加入世界贸易组织议定书》特别规定了针对中国产品的特定产品的过渡性保障措施机制,该机制专对中国产品实施,实施条件低于保障措施的要求。C项正确。

作为世界贸易组织多边贸易制度的一部分,《关于争端解决规则与程序的谅解》在世界贸易组织框架下,建立了统一的多边贸易争端解决机制。D项正确。

二、多项选择题

14. 中国参与某项民商事司法协助多边条约的谈判并签署了该条约,下列哪些表述是正确的?(2012-1-74)

A. 中国签署该条约后有义务批准该条约

B. 该条约须由全国人大常委会决定批准

C. 对该条约规定禁止保留的条款,中国在批准时不得保留

D. 如该条约获得批准,对于该条约与国内法有不同规定的部分,在中国国内可以直接适用,但中国声明保留的条款除外

答案(　①　)

【考点】 条约的缔结、保留

【解析】 从国内法来看,批准是一国权力机关依据国内法对条约的认可;从国际法来看,批准表明一国同意受条约的拘束。是否批准一项条约,由各国自行决定,即使对于已签署的条约,国家也没有必须批准的义务。A项错误。

《缔结条约程序法》第7条规定:"条约和重要协定的批准由全国人民代表大会常务委员会决定。前款规定的条约和重要协定是指:(一)友好合作条约、和平条约等政治性条约;(二)有关领土和划定边界的条约、协定;(三)有关司法协助、引渡的条约、协定;(四)同中华人民共和国法律有不同规定的条约、协定;(五)缔约各方议定须经批准的条约、协定;(六)其他须经批准的条约、协定。"B项正确。

条约的保留,指一国在签署、批准或加入条约时所作的单方声明,不论措辞如何,其目的在于排除或更改条约中某些规定对该国适用时的法律效果。根据《条约法公约》,以下三种情形不得提出保留:(1)条约规定禁止保留;(2)条约准许特定的保留,但有关保留不在条约准许的保留范围内;(3)保留与条约的目的和宗旨不符。C项正确。

《民事诉讼法》第260条规定:"中华人民共和国缔结或者参加的国际条约与本法有不同规定的,适用该国际条约的规定,但中华人民共和国声明保留的条款除外。"本题涉及民商事司法协助条约,应依该条规定确定适用,D项正确。

15. 外国公民雅力克持旅游签证来到中国,我国公安机关查验证件时发现,其在签证已经过期

参考答案:①BCD

的情况下,涂改证照,居留中国并临时工作。关于雅力克的出入境和居留,下列哪些表述符合中国法律规定?(2012-1-75)

   A. 在雅力克旅游签证有效期内,其前往不对外国人开放的地区旅行,不再需要向当地公安机关申请旅行证件
   B. 对雅力克的行为县级以上公安机关可拘留审查
   C. 对雅力克的行为县级以上公安机关可依法予以处罚
   D. 如雅力克持涂改的出境证件出境,中国边防检查机关有权阻止其出境

答案(①)

【考点】外国人出入境管理

【解析】《出入境管理法》第44条第2款规定:"未经批准,外国人不得进入限制外国人进入的区域。"A项错误。

本题中,当事人的行为属非法居留、非法就业,根据《出境入境管理法》第59、60条,"外国人有非法居留、非法就业嫌疑的","经当场盘问或者继续盘问后仍不能排除嫌疑,需要作进一步调查的,可以拘留审查。"同时,该法第58条规定:"本章规定的当场盘问、继续盘问、拘留审查、限制活动范围、遣送出境措施,由县级以上地方人民政府公安机关或者出入境边防检查机关实施。"B项正确。

《出境入境管理法》第70条规定:"本章规定的行政处罚,除本章另有规定外,由县级以上地方人民政府公安机关或者出入境边防检查机关决定;其中警告或者五千元以下罚款,可以由县级以上地方人民政府公安机关出入境管理机构决定。"同时,根据该法第78、80条,外国人非法居留、非法就业的,可处罚款或居留。C项正确。

《出境入境管理法》第27条规定:"外国人出境,应当向出入境边防检查机关交验本人的护照或者其他国际旅行证件等出境入境证件,履行规定的手续,经查验准许,方可出境。"D项正确。

16. 甲国公民彼得,在中国境内杀害一中国公民和一乙国在华留学生,被中国警方控制。乙国以彼得杀害本国公民为由,向中国申请引渡,中国和乙国间无引渡条约。关于引渡事项,下列哪些选项是正确的?(2012-1-76)

   A. 中国对乙国无引渡义务
   B. 乙国的引渡请求应通过外交途径联系,联系机关为外交部
   C. 应由中国最高法院对乙国的引渡请求进行审查,并作出裁定
   D. 在收到引渡请求时,中国司法机关正在对引渡所指的犯罪进行刑事诉讼,故应当拒绝引渡

答案(②)

【考点】引渡

【解析】在国际法中,引渡需要根据引渡条约进行,国家没有一般的引渡义务,当他国在没有引渡条约的情况下提出引渡时,一国可以根据国内法或其他因素自由裁量,A项正确。

《引渡法》第4条第1款规定:"中华人民共和国和外国之间的引渡,通过外交途径联系。中华

参考答案:①BCD ②AB

人民共和国外交部为指定的进行引渡的联系机关。"B项正确。

《引渡法》第16条第2款规定:"最高人民法院指定的高级人民法院对请求国提出的引渡请求是否符合本法和引渡条约关于引渡条件等规定进行审查并作出裁定。最高人民法院对高级人民法院作出的裁定进行复核。"C项错误。

根据《引渡法》第9条:"中华人民共和国对于引渡请求所指的犯罪具有刑事管辖权,并且对被请求引渡人正在进行刑事诉讼或者准备提起刑事诉讼的","可以拒绝引渡"。这里是"可以",并非"应当",D项错误。

17. 甲国公民玛丽与中国公民王某经常居住地均在中国,2人在乙国结婚。关于双方婚姻关系的法律适用,下列哪些选项是正确的?(2012-1-77)

A. 结婚手续只能适用中国法

B. 结婚手续符合甲国法、中国法和乙国法中的任何一个,即为有效

C. 结婚条件应适用乙国法

D. 结婚条件应适用中国法

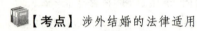【答案(①)】

【考点】涉外结婚的法律适用

【解析】《涉外民事关系法律适用法》第22条规定:"结婚手续,符合婚姻缔结地法律、一方当事人经常居所地法律或者国籍国法律的,均为有效。"本题中,双方的国籍国分别为甲国和中国,经常居所地在中国,婚姻缔结地为乙国,A项错误,B项正确。

《涉外民事关系法律适用法》第21条规定:"结婚条件,适用当事人共同经常居所地法律;没有共同经常居所地的,适用共同国籍国法律;没有共同国籍,在一方当事人经常居所地或者国籍国缔结婚姻的,适用婚姻缔结地法律。"本题中,双方的共同经常居所地在中国,故应适用中国法,C项错误,D项正确。

18. 中国A公司与甲国B公司签订货物买卖合同,约定合同争议提交中国C仲裁委员会仲裁,仲裁地在中国,但对仲裁条款应适用的法律未作约定。后因货物质量问题双方发生纠纷,中国A公司依仲裁条款向C仲裁委提起仲裁,但B公司主张仲裁条款无效。根据我国相关法律规定,关于本案仲裁条款的效力审查问题,下列哪些判断是正确的?(2012-1-78)

A. 对本案仲裁条款的效力,C仲裁委无权认定,只有中国法院有权审查

B. 对本案仲裁条款的效力,如A公司请求C仲裁委作出决定,B公司请求中国法院作出裁定的,由中国法院裁定

C. 对本案仲裁条款效力的审查,应适用中国法

D. 对本案仲裁条款效力的审查,应适用甲国法

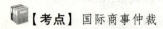【答案(②)】

【考点】国际商事仲裁

参考答案:①BD ②BC

【解析】《仲裁法》第20条第1款规定:"当事人对仲裁协议的效力有异议的,可以请求仲裁委员会作出决定或者请求人民法院作出裁定。一方请求仲裁委员会作出决定,另一方请求人民法院作出裁定的,由人民法院裁定。"A项错误,B项正确。

《涉外民事关系法律适用法》第18条规定:"当事人可以协议选择仲裁协议适用的法律。当事人没有选择的,适用仲裁机构所在地法律或者仲裁地法律。"本题中,双方对仲裁条款应适用的法律未作约定,而仲裁机构所在地和仲裁地均在中国,故应适用中国法,C项正确,D项错误。

19. 甲国公民A与乙国公民B的经常居住地均在中国,双方就在丙国境内发生的侵权纠纷在中国法院提起诉讼。关于该案的法律适用,下列哪些选项是正确的?(2012-1-79)

A. 如侵权行为发生后双方达成口头协议,就纠纷的法律适用做出了选择,应适用协议选择的法律

B. 如侵权行为发生后双方达成书面协议,就纠纷的法律适用做出了选择,应适用协议选择的法律

C. 如侵权行为发生后双方未选择纠纷适用的法律,应适用丙国法

D. 如侵权行为发生后双方未选择纠纷适用的法律,应适用中国法

答案(①)

【考点】 涉外侵权的法律适用

【解析】《涉外民事关系法律适用法》第44条规定:"侵权责任,适用侵权行为地法律,但当事人有共同经常居所地的,适用共同经常居所地法律。侵权行为发生后,当事人协议选择适用法律的,按照其协议。"协议选择既可以是口头协议,也可以是书面协议,A、B项正确。

本题中,双方共同经常居所地在中国,未进行选择时应首先适用共同经常居所地法,即中国法,C项错误,D项正确。

20. 甲公司的营业所在甲国,乙公司的营业所在中国,甲国和中国均为《联合国国际货物销售合同公约》的当事国。甲公司将一批货物卖给乙公司,该批货物通过海运运输。货物运输途中,乙公司将货物转卖给了中国丙公司。根据该公约,下列哪些选项是正确的?(2012-1-80)

A. 甲公司出售的货物,必须是第三方依中国知识产权不能主张任何权利的货物

B. 甲公司出售的货物,必须是第三方依中国或者甲国知识产权均不能主张任何权利的货物

C. 乙公司转售的货物,自双方合同成立时风险转移

D. 乙公司转售的货物,自乙公司向丙公司交付时风险转移

答案(②)

【考点】《国际货物销售合同公约》

【解析】 根据《国际货物销售合同公约》第42条:卖方所交付的货物,必须是第三方不能根据工业产权或其他知识产权主张任何权利或要求的货物,但卖方并不是对第三方依据任何一国的法律所提出的知识产权的权利或请求都要向买方承担责任,而只是在下列两种情况下才须向买方负

参考答案:①ABD　②AC

责:(1)依据货物的预期转售地法律,如果双方当事人在订立合同时预期货物将在某一国境内转售或作其他使用,则卖方对于第三方依据该国法律提出的有关知识产权的权利或要求,应对买方承担责任;(2)依据买方营业地所在国法律,在任何其他情况下,卖方对第三方依据买方营业地所在国的法律提出的有关知识产权的权利或要求,应对买方承担责任。本题中,买方营业地所在国为中国,而双方并未约定货物的预期转售地,故甲公司应保证,其出售的货物,必须是第三方依中国知识产权不能主张任何权利的货物,A项正确,B项错误。

根据《国际货物销售合同公约》第68条:对于在运输途中销售的货物的风险,原则上自买卖合同成立时起转移,C项正确,D项错误。

21. 根据《最高人民法院关于审理信用证纠纷案件若干问题的规定》,中国法院认定存在信用证欺诈的,应当裁定中止支付或者判决终止支付信用证项下款项,但存在除外情形。关于除外情形,下列哪些表述是正确的?(2012-1-81)

　　A. 开证行的指定人、授权人已按照开证行的指令善意地进行了付款
　　B. 开证行或者其指定人、授权人已对信用证项下票据善意地作出了承兑
　　C. 保兑行善意地履行了付款义务
　　D. 议付行善意地进行了议付

答案( )①

【考点】信用证欺诈

【解析】《最高人民法院关于审理信用证纠纷案件若干问题的规定》第10条规定:"人民法院认定存在信用证欺诈的,应当裁定中止支付或者判决终止支付信用证项下款项,但有下列情形之一的除外:(一)开证行的指定人、授权人已按照开证行的指令善意地进行了付款;(二)开证行或者其指定人、授权人已对信用证项下票据善意地作出了承兑;(三)保兑行善意地履行了付款义务;(四)议付行善意地进行了议付。"A、B、C、D项均属除外情形,正确。

22. 李伍为惯常居所地在甲国的公民,满成为惯常居所地在乙国的公民。甲国不是《保护文学艺术作品伯尔尼公约》缔约国,乙国和中国是该公约的缔约国。关于作品在中国的国民待遇,下列哪些选项是正确的?(2012-1-82)

　　A. 李伍的文章在乙国首次发表,其作品在中国享有国民待遇
　　B. 李伍的文章无论发表与否,其作品在中国享有国民待遇
　　C. 满成的文章无论在任何国家首次发表,其作品在中国享有国民待遇
　　D. 满成的文章无论发表与否,其作品在中国享有国民待遇

答案( )②

【考点】《伯尔尼公约》

【解析】《保护文学艺术作品伯尔尼公约》第3、4、5条涉及国民待遇原则,有权享有国民待遇的国民包括"作者国籍"和"作品国籍"两类情况。"作者国籍"指公约成员国国民和在成员国有

参考答案:①ABCD　②ACD

惯常居所的非成员国国民,其作品无论是否出版,均应在一切成员国中享有国民待遇;"作品国籍"针对非公约成员国国民,其作品只要是在任何一个成员国出版,或者在一个成员国和非成员国同时出版,也应在一切成员国中享有国民待遇。

本题中,李伍的惯常居所地在甲国,甲国不是《伯尔尼公约》缔约国,李伍的文章只要是在任何一个成员国出版,或者在一个成员国和非成员国同时出版,即可在一切成员国中享有国民待遇。A项正确,B项错误。

满成的惯常居所地在乙国,乙国和中国是该公约的缔约国,满成的文章无论是否出版,均在一切成员国中享有国民待遇。C、D项正确。

三、不定项选择题

甲国A公司向乙国B公司出口一批货物,双方约定适用2010年《国际贸易术语解释通则》中CIF术语。该批货物由丙国C公司"乐安"号商船承运,运输途中船舶搁浅,为起浮抛弃了部分货物。船舶起浮后继续航行中又因恶劣天气,部分货物被海浪打入海中。到目的港后发现还有部分货物因固有缺陷而损失。

请回答第97~100题。

23. "乐安"号运送该货物的航行路线要经过丁国的领海和毗连区。根据《联合国海洋法公约》,下列选项正确的是:(2012-1-97)

A. "乐安"号可不经批准穿行丁国领海,并在其间停泊转运货物
B. "乐安"号在丁国毗连区走私货物,丁国海上执法船可行使紧追权
C. "乐安"号在丁国毗连区走私货物,丁国海上执法机关可出动飞机行使紧追权
D. 丁国海上执法机关对"乐安"号的紧追权在其进入公海时立即终止

答案(①)

【考点】无害通过权、紧追权

【解析】无害通过权,指外国船舶在不损害沿海国和平安宁和正常秩序的条件下,拥有无须事先通知或征得沿海国许可而连续不断地通过其领海的权利。根据《海洋法公约》,在无害通过时,船舶必须连续不停地迅速通过,除非发生不可抗力、遇难和救助,不得停船或下锚。因此,"乐安"号可不经批准穿行丁国领海,但不得停泊转运货物,A项错误。

紧追权,指沿海国拥有的对于违反其法规并从该国管辖范围内的海域向公海行驶的外国船舶进行追逐的权利。根据《海洋法公约》,紧追行为只能由军舰、军用飞机或其他得到授权并有清楚标志可识别的政府船舶和飞机从事,始于一国内水、领海、毗连区或专属经济区,由毗连区开始的紧追限于船舶对该区域所涉法律的违反。本题中,"乐安"号在丁国毗连区走私货物违反海关相关法规,可由丁国海上执法船或飞机行使紧追权。B、C项正确。

根据《海洋法公约》,在连续不断的情况下,紧追可以追入公海中继续进行,直至追上并依法采

参考答案:①BC

取措施;紧追权在被紧追船舶进入其本国或第三国领海时终止。D项错误。

24. A公司与B公司就该批货物在中国境内的商标权产生争议,双方诉至中国某法院。关于该商标权有关争议的法律适用,下列选项正确的是:(2012-1-98)

A. 归属争议应适用中国法

B. 归属争议应适用甲国法

C. 转让争议应适用甲国法

D. 转让争议当事人可以协议选择法律

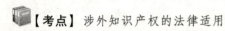

【考点】涉外知识产权的法律适用

【解析】《涉外民事关系法律适用法》第48条规定:"知识产权的归属和内容,适用被请求保护地法律。"本题中,双方因在中国境内的商标权产生争议,被请求保护地为中国,因而归属争议应适用中国法,A项正确,B项错误。

《涉外民事关系法律适用法》第49条规定:"当事人可以协议选择知识产权转让和许可使用适用的法律。当事人没有选择的,适用本法对合同的有关规定。"关于合同的法律适用,该法第41条规定:"当事人可以协议选择合同适用的法律。当事人没有选择的,适用履行义务最能体现该合同特征的一方当事人经常居所地法律或者其他与该合同有最密切联系的法律。"C项错误,D项正确。

25. 关于CIF贸易术语的适用,下列选项正确的是:(2012-1-99)

A. 货物的风险在装运港完成交货时由A公司转移给B公司

B. 货物的风险在装运港越过船舷时由A公司转移给B公司

C. 应由A公司负责海运运输

D. 应由A公司购买货物海运保险

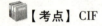

【考点】CIF

【解析】根据2010年通则,在CIF术语下,货物的风险在在装运港完成交货时由卖方转移给买方,A项正确,B项错误。

CIF术语下,货物自装运港到目的港的运费、保险费由卖方负责,C、D项正确。

26. 该批货物投保了平安险,关于运输中的相关损失的认定及赔偿,依《海牙规则》,下列选项正确的是:(2012-1-100)

A. 为起浮抛弃货物造成的损失属于共同海损

B. 因恶劣天气部分货物被打入海中的损失属于单独海损

C. 保险人应赔偿共同海损和因恶劣天气造成的单独海损

D. 承运人对因固有缺陷损失的货物免责,保险人应承担赔偿责任

答案(　　)③

参考答案:①AD　②ACD　③AB

【考点】 国际货物运输与保险

【解析】 共同海损,指在同一海上航程中,船舶、货物和其他财产遭遇共同危险,为了共同安全,有意地和合理地采取措施所直接造成的特殊牺牲,支付的特殊费用。本题中,运输途中船舶搁浅,为起浮抛弃了部分货物,该损失属于为了共同安全,有意地和合理地采取措施所直接造成的特殊牺牲,属于共同海损,A项正确。

单独海损,指承保风险直接造成的部分损失,即除共同海损以外的部分损失。本题中,船舶起浮后继续航行中又因恶劣天气,部分货物被海浪打入海中,属于单独海损,B项正确。

在平安险下,共同海损的牺牲、分摊和救助费用属于保险人的承保范围,但恶劣气候等自然灾害造成的部分损失则不在其承保范围之内,C项错误。

根据《海牙规则》,对于货物固有缺陷造成的损失,承运人可以免责。同时,《海商法》第243条规定:"除合同另有约定外,因下列原因之一造成货物损失的,保险人不负赔偿责任:(一)航行迟延、交货迟延或者行市变化;(二)货物的自然损耗、本身的缺陷和自然特性;(三)包装不当。"可见,保险人对固有缺陷造成的损失也可免责,D项错误。

2013年司法考试三国法真题

一、单项选择题

1. 甲乙两国均为《维也纳领事关系公约》缔约国,阮某为甲国派驻乙国的领事官员。关于阮某的领事特权与豁免,下列哪一表述是正确的?(2013-1-32)

A. 如犯有严重罪行,乙国可将其羁押

B. 不受乙国的司法和行政管辖

C. 在乙国免除作证义务

D. 在乙国免除缴纳遗产税的义务

答案(　　)①

【考点】 领事特权与豁免

【解析】 根据《维也纳领事关系公约》,接受国对领事官员不得逮捕或羁押,但对犯有严重罪行的除外,A项正确。

领事官员执行职务行为,不受接受国的司法和行政管辖,并非任何情况均不受接受国管辖,B项错。

领事官员对其职务所涉事项没有作证义务,除此之外领事官员不得拒绝,C项错。

领事官员免纳一切对个人和物的课税,但间接税、遗产税、服务费等不在免除之列,D项错。

2. 甲国某航空公司国际航班在乙国领空被乙国某公民劫持,后乙国将该公民控制,并拒绝了甲国的引渡请求。两国均为1971年《关于制止危害民用航空安全的非法行为的公约》等三个国际民航安全公约缔约国。对此,下列哪一说法是正确的?(2013-1-33)

A. 劫持未发生在甲国领空,甲国对此没有管辖权

B. 乙国有义务将其引渡到甲国

C. 乙国可不引渡,但应由本国进行刑事审判

D. 本案属国际犯罪,国际刑事法院可对其行使管辖权

答案(　　)②

参考答案:①A　②C

【考点】 国际民航安全制度

【解析】 根据1971年《关于制止危害民用航空安全的非法行为的公约》等三个国际民航安全公约,航空器登记国可以对危害民航安全的罪行进行管辖,A项错误。

根据三个公约所确立的"或引渡或起诉"原则,危害民航安全的行为是一种可引渡的罪行,但各国没有强制引渡的义务,国家可以根据引渡条约或国内法决定是否引渡;如果犯罪嫌疑人所在国决定不予引渡,则应在本国对嫌疑人进行起诉。B项错误,C项正确。

国际刑事法院的管辖范围限于灭绝种族罪、战争罪、危害人类罪、侵略罪等,不包括危害民航安全的罪行,D项错误。

3. 关于联合国国际法院的表述,下列哪一选项是正确的?（2013－1－34）

A. 联合国常任理事国对国际法院法官的选举不具有否决权
B. 国际法院法官对涉及其国籍国的案件,不适用回避制度,即使其就任法官前曾参与该案件
C. 国际法院判决对案件当事国具有法律拘束力,构成国际法的渊源
D. 国际法院作出的咨询意见具有法律拘束力

答案（　　）①

【考点】 国际法院

【解析】 国际法院的法官在联合国大会和安理会中分别独立进行选举,只有在这两个机关同时获得绝对多数票方可当选,安理会常任理事国对法官的选举没有否决权,A项正确。

国际法院法官对涉及其国籍国的案件,不适用回避制度,除非其就任法官前曾参与该案件,B项错误。

国际法院判决对案件当事国具有法律拘束力,但并不属于国际法的渊源,国际法的渊源为国际条约、国际习惯和一般法律原则,C项错误。

国际法院作出的咨询意见没有法律拘束力,D项错误。

4. 中国甲公司与德国乙公司进行一项商事交易,约定适用英国法律。后双方发生争议,甲公司在中国法院提起诉讼。关于该案的法律适用问题,下列哪一选项是错误的?（2013－1－35）

A. 如案件涉及食品安全问题,该问题应适用中国法
B. 如案件涉及外汇管制问题,该问题应适用中国法
C. 应直接适用的法律限于民事性质的实体法
D. 法院在确定应当直接适用的中国法律时,无须再通过冲突规范的指引

答案（　　）②

【考点】 直接适用的法

【解析】 直接适用的法,指在国际民商事交往中,为了维护国家和社会的重大利益,无须借助冲突规范的指引而直接适用于国际民商事关系的强制性法律规范。根据《涉外民事关系法律适用法》第4条:中国法律对涉外民事关系有强制性规定的,直接适用该强制性规定,D项正确。

参考答案:①A　②C

根据最高院《关于适用〈涉外民事关系法律适用法〉若干问题的解释（一）》第10条，有下列情形之一，涉及中国社会公共利益、当事人不能通过约定排除适用、无需通过冲突规范指引而直接适用于涉外民事关系的法律、行政法规的规定，人民法院应当认定为涉外民事关系法律适用法第4条规定的强制性规定：（1）涉及劳动者权益保护的；（2）涉及食品或公共卫生安全的；（3）涉及环境安全的；（4）涉及外汇管制等金融安全的；（5）涉及反垄断、反倾销的；（6）应当认定为强制性规定的其他情形。A、B项正确。

从该条也可看出，直接适用的法并不限于民事性质的实体法，包括经济、行政管理等方面的法律、法规，C项错误。

5. 根据《涉外民事关系法律适用法》和司法解释，关于外国法律的查明问题，下列哪一表述是正确的？（2013-1-36）

　　A. 行政机关无查明外国法律的义务

　　B. 查明过程中，法院应当听取各方当事人对应当适用的外国法律的内容及其理解与适用的意见

　　C. 无法通过中外法律专家提供的方式获得外国法律的，法院应认定为不能查明

　　D. 不能查明的，应视为相关当事人的诉讼请求无法律依据

答案（　　）①

【考点】外国法的查明

【解析】根据《涉外民事关系法律适用法》第10条第1款：涉外民事关系适用的外国法律，由人民法院、仲裁机构或者行政机关查明；当事人选择适用外国法律的，应当提供该国法律，A项错误。

根据最高院《关于适用〈涉外民事关系法律适用法〉若干问题的解释（一）》第18条：人民法院应当听取各方当事人对应当适用的外国法律的内容及其理解与适用的意见，当事人对该外国法律的内容及其理解与适用均无异议的，人民法院可以予以确认；当事人有异议的，由人民法院审查认定，B项正确。

根据该司法解释第17条：人民法院通过由当事人提供、已对中国生效的国际条约规定的途径、中外法律专家提供等合理途径仍不能获得外国法律的，可以认定为不能查明外国法律，C项错误。

根据《涉外民事关系法律适用法》第10条第2款：不能查明外国法律或者该国法律没有规定的，适用中国法律，D项错误。

6. 张某居住在深圳，2008年3月被深圳某公司劳务派遣到马来西亚工作，2010年6月回深圳，转而受雇于香港某公司，其间每周一到周五在香港上班，周五晚上回深圳与家人团聚。2012年1月，张某离职到北京治病，2013年6月回深圳，现居该地。依《涉外民事关系法律适用法》（不考虑该法生效日期的因素）和司法解释，关于张某经常居所地的认定，下列哪一表述是正确的？（2013-1-37）

　　A. 2010年5月，在马来西亚

参考答案：①B

B. 2011年12月,在香港

C. 2013年4月,在北京

D. 2008年3月至今,一直在深圳

【考点】 自然人经常居所地的认定

【解析】 最高院《关于适用〈涉外民事关系法律适用法〉若干问题的解释(一)》第15条规定:"自然人在涉外民事关系产生或者变更、终止时已经连续居住1年以上且作为其生活中心的地方,人民法院可以认定为涉外民事关系法律适用法规定的自然人的经常居所地,但就医、劳务派遣、公务等情形除外。"D项正确。

7. 法国某公司依1958年联合国《承认与执行外国仲裁裁决公约》,请求中国法院承认与执行一项国际商会国际仲裁院的裁决。依据该公约及中国相关司法解释,下列哪一表述是正确的?(2013-1-38)

A. 法院应依职权主动审查该仲裁过程中是否存在仲裁程序与仲裁协议不符的情况

B. 该公约第5条规定的拒绝承认与执行外国仲裁裁决的理由是穷尽性的

C. 如该裁决内含有对仲裁协议范围以外事项的决定,法院应拒绝承认执行该裁决

D. 如该裁决所解决的争议属于侵权性质,法院应拒绝承认执行该裁决

【考点】 外国仲裁裁决的承认与执行

【解析】 根据1958年《承认与执行外国仲裁裁决公约》第5条第1款:法院应依被执行人的申请审查仲裁程序与仲裁协议是否存在不符,A项错误。

该公约第5条共列举了七种拒绝承认与执行的理由,该规定是穷尽性的,不存在其他可援引作为拒绝承认和执行的情形,B项正确。

根据该公约第5条第1款,裁决所处理的事项不是当事人交付仲裁的事项,或者不包括在仲裁协议规定之内,或者超出了仲裁协议的范围,法院可拒绝承认和执行;但交付仲裁的事项可与未交付仲裁的事项划分时,裁决中关于交付仲裁事项之决定部分可予承认与执行,C项错误。

根据该公约第5条,七种情形下可拒绝承认与执行外国仲裁裁决,并不包括"侵权性质的争议",D项错误。

8. 中国某法院审理一起涉外民事纠纷,需要向作为被告的外国某公司进行送达。根据《关于向国外送达民事或商事司法文书和司法外文书公约》(海牙《送达公约》)、中国法律和司法解释,关于该案件的涉外送达,法院的下列哪一做法是正确的?(2013-1-39)

A. 应首先按照海牙《送达公约》规定的方式进行送达

B. 不得对被告采用邮寄送达方式

C. 可通过中国驻被告所在国使领馆向被告进行送达

参考答案:①D ②B

D. 可通过电子邮件方式向被告送达

答案( )①

【考点】 域外送达

【解析】《民事诉讼法》第267条规定:"人民法院对在中华人民共和国领域内没有住所的当事人送达诉讼文书,可以采用下列方式:(1)依照受送达人所在国与中华人民共和国缔结或者共同参加的国际条约中规定的方式送达;(2)通过外交途径送达;(3)对具有中华人民共和国国籍的受送达人,可以委托中华人民共和国驻受送达人所在国的使领馆代为送达;(4)向受送达人委托的有权代其接受送达的诉讼代理人送达;(5)向受送达人在中华人民共和国领域内设立的代表机构或者有权接受送达的分支机构、业务代办人送达;(6)受送达人所在国的法律允许邮寄送达的,可以邮寄送达,自邮寄之日起满三个月,送达回证没有退回,但根据各种情况足以认定已经送达的,期间届满之日视为送达;(7)采用传真、电子邮件等能够确认受送达人收悉的方式送达;(8)不能用上述方式送达的,公告送达,自公告之日起满三个月,即视为送达。"

只有受送达人所在国也为海牙《送达公约》的缔约国,才考虑按照海牙《送达公约》规定的方式进行送达,A项错误。

根据上述规定第6项,受送达人所在国的法律允许邮寄送达的,可以邮寄送达,B项错误。

根据上述规定第3项,采取使领馆途径送达,只针对具有中国国籍的受送达人,C项错误。

根据上述规定第7项,可以采用传真、电子邮件等能够确认受送达人收悉的方式送达,D项正确。

9. 某国甲公司向中国乙公司出售一批设备,约定贸易术语为"FOB(Incoterms 2010)",后设备运至中国。依《国际贸易术语解释通则》和《联合国国际货物销售合同公约》,下列哪一选项是正确的?(2013-1-40)

A. 甲公司负责签订货物运输合同并支付运费
B. 甲、乙公司的风险承担以货物在装运港越过船舷为界
C. 如该批设备因未按照同类货物通用方式包装造成损失,应由甲公司承担责任
D. 如该批设备侵犯了第三方在中国的专利权,甲公司对乙公司不承担责任

答案( )②

【考点】 FOB、《国际货物销售合同公约》

【解析】 FOB 术语下,买方负责安排运输,本题中,买方为中国乙公司,A项错误。

根据2010年通则,FOB 术语下,货物在装运港被装上船时风险转移,B项错误。

根据《国际货物销售合同公约》第35条:如合同没有对包装作出明确规定,卖方应按照同类货物通用的方式包装,如果没有此种通用方式,则按照足以保全和保护货物的方式包装。如因卖方包装不符而造成货损,卖方应承担责任,C项正确。

根据该公约第42条:卖方对第三方依据买方营业地所在国的法律提出的有关知识产权的权利

参考答案:①D ②C

或要求,应对买方承担责任。本题中,买方营业地所在国为中国,D项错误。

10. 2011年4月6日,张某在广交会上展示了其新发明的产品,4月15日,张某在中国就其产品申请发明专利(后获得批准)。6月8日,张某在向《巴黎公约》成员国甲国申请专利时,得知甲国公民已在6月6日向甲国就同样产品申请专利。下列哪一说法是正确的?(2013-1-41)

A. 如张某提出优先权申请并加以证明,其在甲国的申请日至少可以提前至2011年4月15日

B. 2011年4月6日这一时间点对张某在甲国以及《巴黎公约》其他成员国申请专利没有任何影响

C. 张某在中国申请专利已获得批准,甲国也应当批准他的专利申请

D. 甲国不得要求张某必须委派甲国本地代理人代为申请专利

答案( )①

【考点】《巴黎公约》

【解析】根据《巴黎公约》第4条:在一个成员国提出发明专利、实用新型、外观设计或商标注册的申请的,自首次申请之日起在一定期限内(发明专利、实用新型为12个月,外观设计、商标为6个月)享有优先权,如申请人在该期限内再向其他成员国提出同样的申请,其后来申请的日期均为首次申请的日期,A项正确。

根据该公约第11条:成员国应对在任何一个成员国内举办的或经官方承认的国际展览会上展出的商品中可以取得专利的发明、实用新型、外观设计和可以注册的商标,给予临时保护;如展品所有人在临时保护期内申请了专利或商标注册,则申请案的优先权期限从展品公开展出之日起算,而非第一次提交申请案时起算。本题中,2011年4月6日即为展品公开展出之日,B项错误。

根据该公约第4条及第6条:外国人专利申请或商标注册,由各成员国根据本国法律作出决定,不受他国决定的影响,C项错误。

根据该公约第2条:每个成员国法律中关于司法和行政程序、管辖权,以及指定送达地址或委派代理人的规定,工业产权法有所要求的,均可以保留。因此,甲国可以依据本国法律要求外国人必须委派甲国代理人代为申请专利,D项错误。

11. 根据世界贸易组织《服务贸易总协定》,下列哪一选项是正确的?(2013-1-42)

A. 协定适用于成员方的政府服务采购

B. 中国公民接受国外某银行在中国分支机构的服务属于协定中的境外消费

C. 协定中的最惠国待遇只适用于服务产品而不适用于服务提供者

D. 协定中的国民待遇义务,仅限于列入承诺表的部门

答案( )②

【考点】《服务贸易总协定》

【解析】《服务贸易总协定》不适用于为履行政府职能而提供的服务,A项错误。

境外消费,指在一国境内向来自另一国的服务消费者提供服务,如一国居民到另一国境内旅游、

求学等。B项并非境外消费,而是商业存在,即一国的服务提供者通过在另一国境内设立的机构提供服务,B项错误。

《服务贸易总协定》中的最惠国待遇适用于服务产品和服务消费者而不适用于货物产品,C项错误。

根据《服务贸易总协定》,是否给予国民待遇,依每一成员具体列出的承诺表来确定,其国民待遇义务仅限于列入承诺表的部门,D项正确。

12. 关于世界贸易组织争端解决机制的表述,下列哪一选项是不正确的?(2013-1-43)
   A. 磋商是争端双方解决争议的必经程序
   B. 上诉机构为世界贸易组织争端解决机制中的常设机构
   C. 如败诉方不遵守争端解决机构的裁决,申诉方可自行采取中止减让或中止其他义务的措施
   D. 申诉方在实施报复时,中止减让或中止其他义务的程度和范围应与其所受到损害相等

答案(　　)①

【考点】WTO争端解决机制

【解析】如败诉方不遵守争端解决机构的裁决,申诉方应向WTO争端解决机构申请授权报复,得到授权后,方可采取中止减让或中止其他义务的措施,C项不正确。A、B、D选项均符合WTO争端解决机制。

13. 根据《中华人民共和国保障措施条例》,下列哪一说法是不正确的?(2013-1-44)
   A. 保障措施中"国内产业受到损害",是指某种进口产品数量增加,并对生产同类产品或直接竞争产品的国内产业造成严重损害或严重损害威胁
   B. 进口产品数量增加指进口数量的绝对增加或与国内生产相比的相对增加
   C. 终裁决定确定不采取保障措施的,已征收的临时关税应当予以退还
   D. 保障措施只应针对终裁决定作出后进口的产品实施

答案(　　)②

【考点】保障措施

【解析】《保障措施条例》第2条规定:"进口产品数量增加,并对生产同类产品或者直接竞争产品的国内产业造成严重损害或者严重损害威胁的,依照本条例的规定进行调查,采取保障措施。"A项正确。

条例第7条规定:"进口产品数量增加,是指进口产品数量的绝对增加或者与国内生产相比的相对增加。"B项正确。

条例第25条规定:"终裁决定确定不采取保障措施的,已征收的临时关税应当予以退还。"C项正确。

条例第16条第1款规定:"有明确证据表明进口产品数量增加,在不采取临时保障措施将对国内产业造成难以补救的损害的紧急情况下,可以作出初裁决定,并采取临时保障措施。"可见,对终

参考答案:①C　②D

裁决定作出前的进口产品,商务部也可作出初裁决定并采取临时保障措施,D项错误。

二、多项选择题

14. 根据《维也纳条约法公约》和《中华人民共和国缔结条约程序法》,关于中国缔约程序问题,下列哪些表述是正确的?(2013-1-74)

　　A. 中国外交部长参加条约谈判,无须出具全权证书

　　B. 中国谈判代表对某条约作出待核准的签署,即表明中国表示同意受条约约束

　　C. 有关引渡的条约由全国人大常委会决定批准,批准书由国家主席签署

　　D. 接受多边条约和协定,由国务院决定,接受书由外交部长签署

答案(　　)①

【考点】条约的缔结

【解析】根据《条约法公约》,以下情形无须出具全权证书:(1)国家元首、政府首脑和外交部长谈判缔约;(2)使馆馆长议定派遣国和接受国之间的条约约文;(3)国家向国际会议或国际组织派遣的代表,议定该会议或组织中的条约约文。A项正确。

　　待核准的签署是等待政府确认的签署,在本国确认以前,它只有认证条约约文的效力,并非表明国家同意受条约约束。B项错误。

　　根据《缔结条约程序法》第7条,条约和重要协定的批准由全国人民代表大会常务委员会决定。前款规定的条约和重要协定是指:(1)友好合作条约、和平条约等政治性条约;(2)有关领土和划定边界的条约、协定;(3)有关司法协助、引渡的条约、协定;(4)同中国法律有不同规定的条约、协定;(5)缔约各方议定须经批准的条约、协定;(6)其他须经批准的条约、协定。批准书由中华人民共和国主席签署,外交部长副署。C项正确。

　　根据《缔结条约程序法》第12条:接受多边条约和协定,由国务院决定;接受书由外交部长签署,具体手续由外交部办理。D项正确。

15. 关于国际法基本原则,下列哪些选项是正确的?(2013-1-75)

　　A. 国际法基本原则具有强行法性质

　　B. 不得使用威胁或武力原则是指禁止除国家对侵略行为进行的自卫行动以外的一切武力的使用

　　C. 对于一国国内的民族分离主义活动,民族自决原则没有为其提供任何国际法根据

　　D. 和平解决国际争端原则是指国家间在发生争端时,各国都必须采取和平方式予以解决

答案(　　)②

【考点】国际法基本原则

【解析】国际法基本原则,是指被各国公认的,适用于国际法所有领域,构成国际法基础并

参考答案:①ACD　②ACD

具有强行法性质的原则,A项正确。

不得使用威胁或武力原则,指各国在其国际关系上不得以武力或武力威胁,侵害任何国家的政治独立和领土完整,不得以任何与联合国宪章或其他国际法原则所不符的方式使用武力。但该原则并非禁止一切武力的使用,两种情形下的武力使用是允许的:(1)国家对侵略行为进行的自卫行动;(2)联合国集体安全制度下的武力使用(即安理会授权动武),B项错误。

民族自决原则,指被殖民统治和压迫的民族具有决定自己命运,摆脱殖民统治,建立民族独立国家的权利。对于一国国内的民族分离主义活动,民族自决原则没有为其提供任何国际法根据,C项正确。

和平解决国际争端原则,是指国家间在发生争端时,各国都必须采取和平方式予以解决,争端当事国及其他国家应避免任何使争端或情势恶化的措施或行动,D项正确。

16. 甲国公民杰克申请来中国旅游,关于其在中国出入境和居留期间的管理,下列哪些选项是正确的?(2013-1-76)

A. 如杰克患有严重精神障碍,中国签证机关不予签发其签证

B. 如杰克入境后可能危害中国国家安全和利益,中国出入境边防检查机关可不准许其入境

C. 杰克入境后,在旅馆以外的其他住所居住或者住宿的,应当在入住后48小时内由本人或者留宿人,向居住地的公安机关办理登记

D. 如杰克在中国境内有未了结的民事案件,法院决定不准出境的,中国出入境边防检查机关有权阻止其出境

答案(① **)**

【考点】《出境入境管理法》

【解析】根据《出境入境管理法》第21条,外国人有下列情形之一的,不予签发签证:(1)被处驱逐出境或者被决定遣送出境,未满不准入境规定年限的;(2)患有严重精神障碍、传染性肺结核病或者有可能对公共卫生造成重大危害的其他传染病的;(3)可能危害中国国家安全和利益、破坏社会公共秩序或者从事其他违法犯罪活动的;(4)在申请签证过程中弄虚作假或者不能保障在中国境内期间所需费用的;(5)不能提交签证机关要求提交的相关材料的;(6)签证机关认为不宜签发签证的其他情形。A项正确。

根据该法第25条,外国人有下列情形之一的,不准入境:(1)未持有效出境入境证件或者拒绝、逃避接受边防检查的;(2)具有本法第21条第1款第1项至第4项规定情形的;(3)入境后可能从事与签证种类不符的活动的;(4)法律、行政法规规定不准入境的其他情形。B项正确。

根据该法第39条第2款,外国人在旅馆以外的其他住所居住或者住宿的,应当在入住后24小时内由本人或者留宿人,向居住地的公安机关办理登记。C项错误。

根据该法第28条,外国人有下列情形之一的,不准出境:(1)被判处刑罚尚未执行完毕或者属于刑事案件被告人、犯罪嫌疑人的,但是按照中国与外国签订的有关协议,移管被判刑人的除外;(2)有未了结的民事案件,人民法院决定不准出境的;(3)拖欠劳动者的劳动报酬,经国务院有关部

参考答案:①ABD

门或者省、自治区、直辖市人民政府决定不准出境的;(4)法律、行政法规规定不准出境的其他情形。D项正确。

17. 中国人李某(女)与甲国人金某(男)2011年在乙国依照乙国法律登记结婚,婚后二人定居在北京。依《涉外民事关系法律适用法》,关于其夫妻关系的法律适用,下列哪些表述是正确的?(2013-1-77)

A. 婚后李某是否应改从其丈夫姓氏的问题,适用甲国法

B. 双方是否应当同居的问题,适用中国法

C. 婚姻对他们婚前财产的效力问题,适用乙国法

D. 婚姻存续期间双方取得的财产的处分问题,双方可选择适用甲国法

答案(①)

【考点】夫妻关系的法律适用

【解析】夫妻人身关系,指与夫妻的人格和身份有关,不具有直接财产内容的权利义务关系,包括忠实义务、同居义务、扶助义务、姓名权、人身自由权、生育权等内容。《涉外民事关系法律适用法》第23条规定:"夫妻人身关系,适用共同经常居所地法律;没有共同经常居所地的,适用共同国籍国法律。"本题中,夫妻共同经常居所地在中国,A项错误,B项正确。

夫妻财产关系,指夫妻双方对家庭财产的权利义务,包括婚姻对双方婚前财产的效力、婚姻存续期间财产的归属、夫妻对财产的管理和处分、债务的负担等。《涉外民事关系法律适用法》第24条规定:"夫妻财产关系,当事人可以协议选择适用一方当事人经常居所地法律、国籍国法律或者主要财产所在地法律。当事人没有选择的,适用共同经常居所地法律;没有共同经常居所地的,适用共同国籍国法律。"本题中,金某国籍国为甲国,D项正确;乙国为婚姻缔结地,C项错误。

18. 甲国某航空公司在中国设有代表处,其一架飞机从中国境内出发,经停甲国后前往乙国,在乙国发生空难。关于乘客向航空公司索赔的诉讼管辖和法律适用,根据中国相关法律,下列哪些表述是正确的?(2013-1-78)

A. 中国法院对该纠纷具有管辖权

B. 中国法律并不限制乙国法院对该纠纷行使管辖

C. 即使甲国法院受理了该纠纷,中国法院仍有权就同一诉讼行使管辖权

D. 如中国法院受理该纠纷,应适用受害人本国法确定损害赔偿数额

答案(②)

【考点】国际民商事管辖、侵权的法律适用

【解析】《民事诉讼法》第265条规定:"因合同纠纷或者其他财产权益纠纷,对在中华人民共和国领域内没有住所的被告提起的诉讼,如果合同在中华人民共和国领域内签订或者履行,或者诉讼标的物在中华人民共和国领域内,或者被告在中华人民共和国领域内有可供扣押的财产,或者被告在中华人民共和国领域内设有代表机构,可以由合同签订地、合同履行地、诉讼标的物所在地、

参考答案:①BD ②ABC

可供扣押财产所在地、侵权行为地或者代表机构住所地人民法院管辖。"本题中,被告在中国设有代表机构,中国法院可以管辖,A项正确。

国际民事诉讼通常采取平行管辖原则,即一国在主张自己对某些案件有管辖权的同时,并不否认其他国家法院对这些案件行使管辖权,中国立法同样体现了该原则,B项正确。

根据《民诉法解释》第533条:"中华人民共和国法院和外国法院都有管辖权的案件,一方当事人向外国法院起诉,而另一方当事人向中华人民共和国法院起诉的,人民法院可予受理。"C项正确。

《涉外民事关系法律适用法》第44条规定:"侵权责任,适用侵权行为地法律,但当事人有共同经常居所地的,适用共同经常居所地法律。侵权行为发生后,当事人协议选择适用法律的,按照其协议。"D项错误。

19. 内地某中级法院审理一起涉及澳门特别行政区企业的商事案件,需委托澳门特别行政区法院进行司法协助。关于该司法协助事项,下列哪些表述是正确的?(2013－1－79)

A. 该案件司法文书送达的委托,应通过该中级法院所属高级法院转交澳门特别行政区终审法院

B. 澳门特别行政区终审法院有权要求该中级法院就其中文委托书提供葡萄牙语译本

C. 该中级法院可以请求澳门特别行政区法院协助调取与该案件有关的证据

D. 在受委托方法院执行委托调取证据时,该中级法院司法人员经过受委托方允许可以出席并直接向证人提问

答案（ ）①

【考点】 内地与澳门委托送达与调查取证

【解析】 根据2001年最高院《内地与澳门特别行政区法院就民商事案件相互委托送达司法文书和调取证据的安排》第2条:双方相互委托送达司法文书和调取证据,均须通过各高级人民法院和澳门特别行政区终审法院进行;最高人民法院与澳门特别行政区终审法院可以直接相互委托送达和调取证据。A项正确。

根据该安排第4条:委托书应当以中文文本提出;所附司法文书及其他相关文件没有中文文本的,应当提供中文译本。B项错误。

根据该安排,两地法院相互委托事项包括送达与调取证据。C项正确。

根据该安排第19条:受委托方法院在执行委托调取证据时,根据委托方法院的请求,可以允许委托方法院派司法人员出席;必要时,经受委托方允许,委托方法院的司法人员可以向证人、鉴定人等发问。D项正确。

20. 关于国际投资法相关条约,下列哪些表述是正确的?(2013－1－80)

A. 依《关于解决国家和他国国民之间投资争端公约》,投资争端应由双方书面同意提交给投资争端国际中心,当双方表示同意后,任何一方不得单方面撤销

B. 依《多边投资担保机构公约》,多边投资担保机构只对向发展中国家领土内的投资予以担保

C. 依《与贸易有关的投资措施协议》,要求企业购买或使用最低比例的当地产品属于协议禁止

参考答案:①ACD

使用的措施

D. 依《与贸易有关的投资措施协议》,限制外国投资者投资国内公司的投资比例属于协议禁止使用的措施

答案（　　）①

【考点】 国际投资法

【解析】 根据《关于解决国家和他国国民之间投资争端公约》第25条第1款：中心只对争端双方书面同意提交给中心裁决的争端具有管辖权,当双方表示同意后,任何一方不得单方面撤销其同意,A项正确。

根据《多边投资担保机构公约》14条：机构只对在发展中国家会员国境内所作的投资予以担保,B项正确。

根据《与贸易有关的投资措施协议》,成员国不得实施与《关税与贸易总协定》第3条国民待遇和第11条取消数量限制义务不符的投资措施。(1)与国民待遇义务不符的投资措施,包括：①"当地成分要求",要求企业在生产中必须购买或使用一定数量或比例的当地产品；②"贸易平衡要求",要求企业购买或使用进口产品的数量或价值应与其出口当地产品的数量或价值相当。(2)与取消数量限制义务不符的投资措施,包括：①"通过贸易平衡限制进口",限制企业用于当地生产或与当地生产相关的产品的进口,或将进口限制在与其出口的当地产品的数量或价值相关的水平；②"外汇平衡要求",将企业可使用的外汇限制在与该企业外汇流入相关的水平；③"限制出口"("国内销售要求"),限制企业产品出口的数量,或要求企业将产品以低于国际市场价格的方式在国内销售。C项属于当地成分要求,正确；D项为投资比例要求,协议并不禁止,错误。

21. 中国甲公司从国外购货,取得了代表货物的单据,其中提单上记载"凭指示"字样,交货地点为某国远东港,承运人为中国乙公司。当甲公司凭正本提单到远东港提货时,被乙公司告知货物已不在其手中。后甲公司在中国法院对乙公司提起索赔诉讼。乙公司在下列哪些情形下可免除交货责任？(2013-1-81)

A. 在甲公司提货前,货物已被同样持有正本提单的某公司提走

B. 乙公司按照提单托运人的要求返还了货物

C. 根据某国法律要求,货物交给了远东港管理当局

D. 货物超过法定期限无人向某国海关申报,被海关提取并变卖

答案（　　）②

【考点】 无正本提单交付货物问题

【解析】 2009年最高院《关于审理无正本提单交付货物案件适用法律若干问题的规定》第10条规定："承运人签发一式数份正本提单,向最先提交正本提单的人交付货物后,其他持有相同正本提单的人要求承运人承担无正本提单交付货物民事责任的,人民法院不予支持。"A项正确。

该《规定》第9条规定："承运人按照记名提单托运人的要求中止运输、返还货物、变更到达地或

参考答案：①ABC　②ACD

者将货物交给其他收货人,持有记名提单的收货人要求承运人承担无正本提单交付货物民事责任的,人民法院不予支持。"据此,只有在记名提单下,承运人按照托运人要求返还货物,方可免责,而本题为指示提单。B项错误。

该《规定》第7条规定:"承运人依照提单载明的卸货港所在地法律规定,必须将承运到港的货物交付给当地海关或者港口当局的,不承担无正本提单交付货物的民事责任。"C项正确。

该《规定》第8条规定:"承运到港的货物超过法律规定期限无人向海关申报,被海关提取并依法变卖处理,或者法院依法裁定拍卖承运人留置的货物,承运人主张免除交付货物责任的,人民法院应予支持。"D项正确。

22. 甲公司向乙公司出口一批货物,由丙公司承运,投保了中国人民保险公司的平安险。在装运港装卸时,一包货物落入海中。海运途中,因船长过失触礁造成货物部分损失。货物最后延迟到达目的港。依《海牙规则》及国际海洋运输保险实践,关于相关损失的赔偿,下列哪些选项是正确的?(2013-1-82)

A. 对装卸过程中的货物损失,保险人应承担赔偿责任
B. 对船长驾船过失导致的货物损失,保险人应承担赔偿责任
C. 对运输延迟造成的损失,保险人应承担赔偿责任
D. 对船长驾船过失导致的货物损失,承运人可以免责

答案(①)

【考点】国际海运保险、《海牙规则》

【解析】装卸过程中货物落海造成的损失,属于平安险下保险公司的承保范围,保险人应当赔偿,A项正确。

本题中因船长过失触礁,触礁造成货物损失为意外事故造成的损失,属于平安险下保险公司的承保范围,保险人应当赔偿,B项正确。

根据《海商法》第243条:航行迟延、交货迟延或者市价跌落等造成的损失,保险人可以免责,C项错误。

根据《海牙规则》,对于船长、船员、引航员或承运人的受雇人员在驾驶船舶或管理船舶上的行为、疏忽或过失引起的货物损坏或灭失,承运人可以免责,D项正确。

三、不定项选择题

23. 甲国公民库克被甲国刑事追诉,现在中国居留,甲国向中国请求引渡库克,中国和甲国间无引渡条约。关于引渡事项,下列选项正确的是:(2013-1-97)

A. 甲国引渡请求所指的行为依照中国法律和甲国法律均构成犯罪,是中国准予引渡的条件之一
B. 由于库克健康原因,根据人道主义原则不宜引渡,中国可以拒绝引渡

参考答案:①ABD

C. 根据中国法律,引渡请求所指的犯罪纯属军事犯罪的,中国应当拒绝引渡
D. 根据甲国法律,引渡请求所指的犯罪纯属军事犯罪的,中国应当拒绝引渡

答案(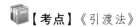)①

【考点】《引渡法》

【解析】 根据《引渡法》第7条:外国向中国提出的引渡请求必须同时符合下列条件,才能准予引渡:(1)引渡请求所指的行为,依照中国法律和请求国法律均构成犯罪;(2)为了提起刑事诉讼而请求引渡的,根据中国法律和请求国法律,对于引渡请求所指的犯罪均可判处1年以上有期徒刑或者其他更重的刑罚;为了执行刑罚而请求引渡的,在提出引渡请求时,被请求引渡人尚未服完的刑期至少为6个月。A项正确。

根据《引渡法》第9条:外国向中国提出的引渡请求,有下列情形之一的,可以拒绝引渡:(1)中国对于引渡请求所指的犯罪具有刑事管辖权,并且对被请求引渡人正在进行刑事诉讼或者准备提起刑事诉讼的;(2)由于被请求引渡人的年龄、健康等原因,根据人道主义原则不宜引渡的。B项正确。

根据《引渡法》第8条第5项:根据中国或者请求国法律,引渡请求所指的犯罪纯属军事犯罪的,应当拒绝引渡,C、D项正确。

24. 在涉外民事关系中,依《涉外民事关系法律适用法》和司法解释,关于当事人意思自治原则,下列表述中正确的是:(2013-1-98)

A. 当事人选择的法律应与所争议的民事关系有实际联系
B. 当事人仅可在具有合同性质的涉外民事关系中选择法律
C. 在一审法庭辩论终结前,当事人有权协议选择或变更选择适用的法律
D. 各方当事人援引相同国家的法律且未提出法律适用异议的,法院可以认定当事人已经就涉外民事关系适用的法律作出了选择

答案()②

【考点】 意思自治原则

【解析】 最高院《关于适用〈涉外民事关系法律适用法〉若干问题的解释(一)》第7条规定:"一方当事人以双方协议选择的法律与系争的涉外民事关系没有实际联系为由主张选择无效的,人民法院不予支持。"A项错误。

根据《涉外民事关系法律适用法》,除合同关系外,对于动产物权、侵权、不当得利、无因管理、婚姻等关系,当事人均可选择适用的法律。B项错误。

最高院《关于适用〈涉外民事关系法律适用法〉若干问题的解释(一)》第8条规定:"当事人在一审法庭辩论终结前协议选择或者变更选择适用的法律的,人民法院应予准许。各方当事人援引相同国家的法律且未提出法律适用异议的,人民法院可以认定当事人已经就涉外民事关系适用的法律做出了选择。"C、D项正确。

参考答案:①ABCD ②CD

25. 甲公司从国外进口一批货物,根据《联合国国际货物销售合同公约》,关于货物检验和交货不符合同约定的问题,下列说法正确的是:(2013-1-99)

A. 甲公司有权依自己习惯的时间安排货物的检验

B. 如甲公司须再发运货物,没有合理机会在货到后加以检验,而卖方在订立合同时已知道再发运的安排,则检验可推迟到货物到达新目的地后进行

C. 甲公司在任何时间发现货物不符合同均可要求卖方赔偿

D. 货物不符合同情形在风险转移时已经存在,在风险转移后才显现的,卖方应当承担责任

答案(　　)①

【考点】《国际货物销售合同公约》

【解析】根据《公约》第38条第1款:买方必须在按情况实际可行的最短时间内检验货物或由他人检验货物,A项错误。

根据该条第3款:如果货物在运输途中改运或买方须再发运货物,没有合理机会加以检验,而卖方在订立合同时已知道或理应知道这种改运或再发运的可能性,检验可推迟到货物到达新目的地后进行,B项正确。

《公约》第39条规定:"(1)买方对货物不符合同,必须在发现或理应发现不符情形后一段合理时间内通知卖方,说明不符合同情形的性质,否则就丧失声称货物不符合同的权利;(2)无论如何,如果买方不在实际收到货物之日起两年内将货物不符合同情形通知卖方,他就丧失声称货物不符合同的权利,除非这一时限与合同规定的保证期限不符。"可见,买方要求卖方赔偿具有时间限制,C项错误。

《公约》第36条第1款规定:"卖方应按照合同和本公约的规定,对风险移转到买方时所存在的任何不符合同情形,负有责任,即使这种不符合同情形在该时间后方始明显。"D项正确。

26. 中国甲公司从某国乙公司进口一批货物,委托中国丙银行出具一份不可撤销信用证。乙公司发货后持单据向丙银行指定的丁银行请求付款,银行审单时发现单据上记载内容和信用证不完全一致。乙公司称甲公司接受此不符点,丙银行经与甲公司沟通,证实了该说法,即指示丁银行付款。后甲公司得知乙公司所发货物无价值,遂向有管辖权的中国法院申请中止支付信用证项下的款项。下列说法正确的是:(2013-1-100)

A. 甲公司已接受不符点,丙银行必须承担付款责任

B. 乙公司行为构成信用证欺诈

C. 即使丁银行已付款,法院仍应裁定丙银行中止支付

D. 丙银行发现单证存在不符点,有义务联系甲公司征询是否接受不符点

答案(　　)②

【考点】信用证

【解析】根据《跟单信用证统一惯例》(UCP600)第16条:当开证行确定交单不符时,可以自

参考答案:①BD　②B

行决定是否联系申请人接受不符点,D项错误。

根据该条,申请人接受不符点,并不影响开证行最终决定是否接受不符点,开证行如拒绝接受不符点,仍可拒付,A项错误。

根据2005年最高院《关于审理信用证纠纷案件若干问题的规定》第8条,凡有下列情形之一的,应当认定存在信用证欺诈:(1)受益人伪造单据或者提交记载内容虚假的单据;(2)受益人恶意不交付货物或者交付的货物无价值;(3)受益人和开证申请人或者其他第三方串通提交假单据,而没有真实的基础交易;(4)其他进行信用证欺诈的情形。B项正确。

根据该规定第10条,人民法院认定存在信用证欺诈的,应当裁定中止支付或者判决终止支付信用证项下款项,但有下列情形之一的除外:(1)开证行的指定人、授权人已按照开证行的指令善意地进行了付款;(2)开证行或者其指定人、授权人已对信用证项下票据善意地作出了承兑;(3)保兑行善意地履行了付款义务;(4)议付行善意地进行了议付。本题中,作为指定行的丁银行已经付款,则不应再裁定丙银行止付,C项错误。

2014年司法考试三国法真题

一、单项选择题

1. 甲国分立为"东甲"和"西甲",甲国在联合国的席位由"东甲"继承,"西甲"决定加入联合国。"西甲"与乙国(联合国成员)交界处时有冲突发生。根据相关国际法规则,下列哪一选项是正确的?(2014-1-32)

A. 乙国在联大投赞成票支持"西甲"入联,一般构成对"西甲"的承认

B. "西甲"认为甲国与乙国的划界条约对其不产生效力

C. "西甲"入联后,其所签订的国际条约必须在秘书处登记方能生效

D. 经安理会9个理事国同意后,"西甲"即可成为联合国的会员国

答案(①)

【考点】国际法上的承认与继承、条约的登记

【解析】国际法上的承认,指既存国家或国际组织对新国家、新政府或其他事态的出现,以一定方式表示接受,同时表明愿意与其发展正常关系的单方面行为。承认的形式包括明示和默示两种,明示承认即以明白的语言文字直接表达承认的意思;默示承认则是通过有关行为表示承认,主要包括:(1)建立外交关系;(2)缔结政治性条约;(3)正式接受领事;(4)正式投票支持参加政府间国际组织。A项即为第四种行为,属于承认。

国际法上的继承,指在特定情况下,国际法上的权利义务由一个承受者转移给另一个承受者所发生的法律关系。一般来说,与领土有关的"非人身性条约",如有关领土边界、河流交通、水利灌溉等条约,属于继承的范围,故甲国与乙国的划界条约对"西甲"继续有效,B项错误。

根据《维也纳条约法公约》和《联合国宪章》,联合国任何会员国所缔结的一切条约应尽速在秘书处登记,未在联合国秘书处登记的条约,不得在联合国任何机关援引。可见,"西甲"签订的条约未经登记只是不得在联合国任何机关援引,并非不能生效,C项错误。

根据《联合国宪章》,一个国家经安理会审议通过后向大会推荐,然后经大会审议并2/3多数通过,方可成为联合国会员国,D项错误。

参考答案:①A

2. 甲国是群岛国,乙国是甲国的隔海邻国,两国均为《联合国海洋法公约》的缔约国。根据相关国际法规则,下列哪一选项是正确的?(2014-1-33)

A. 他国船舶通过甲国的群岛水域均须经过甲国的许可
B. 甲国为连接其相距较远的两岛屿,其群岛基线可隔断乙国的专属经济区
C. 甲国因已划定了群岛水域,则不能再划定专属经济区
D. 甲国对其群岛水域包括上空和底土拥有主权

答案( )①

【考点】群岛水域

【解析】群岛水域是群岛国的群岛基线所包围的内水之外的海域。根据《海洋法公约》,所有国家的船舶享有通过除群岛国内水以外的群岛水域的无害通过权,A 项错误。

划定群岛基线不能明显偏离群岛轮廓,不能将其他国家的领海与公海或专属经济区隔断,B 项错误。

群岛水域的划定不妨碍群岛国可以按照《海洋法公约》划定内水,及在基线之外划定领海、毗连区、专属经济区和大陆架,C 项错误。

群岛国对其群岛水域包括上空和底土拥有主权,D 项正确。

3. 王某是定居美国的中国公民,2013 年 10 月回国为父母购房。根据我国相关法律规定,下列哪一选项是正确的?(2014-1-34)

A. 王某应向中国驻美签证机关申请办理赴中国的签证
B. 王某办理所购房产登记需提供身份证明的,可凭其护照证明其身份
C. 因王某是中国公民,故需持身份证办理房产登记
D. 王某回中国后,只要其有未了结的民事案件,就不准出境

答案( )②

【考点】《出境入境管理法》

【解析】根据《出境入境管理法》第 9 条和第 15 条:中国公民出境入境,应当依法申请办理护照或者其他旅行证件;外国人入境,应当向驻外签证机关申请办理签证。本题中,王某是中国公民,其回国应办理护照而非签证,A 项错误。

《出境入境管理法》第 14 条规定:"定居国外的中国公民在中国境内办理金融、教育、医疗、交通、电信、社会保险、财产登记等事务需要提供身份证明的,可以凭本人的护照证明其身份。"B 项正确,C 项错误。

根据《出境入境管理法》第 12 条第 3 项:中国公民"有未了结的民事案件,人民法院决定不准出境的",不准出境,D 项错误。

4. 德国甲公司与中国乙公司在中国共同设立了某合资有限责任公司,后甲公司以确认其在合资公司的股东权利为由向中国某法院提起诉讼。关于本案的法律适用,下列哪一选项是正确的?

参考答案:①D ②B

(2014-1-35)

A. 因合资公司登记地在中国,故应适用中国法

B. 因侵权行为地在中国,故应适用中国法

C. 因争议与中国的联系更密切,故应适用中国法

D. 当事人可协议选择纠纷应适用的法律

答案(①)

【考点】 股东权利的法律适用

【解析】《涉外民事关系法律适用法》第14条规定:"法人及其分支机构的民事权利能力、民事行为能力、组织机构、股东权利义务等事项,适用登记地法律。法人的主营业地与登记地不一致的,可以适用主营业地法律。法人的经常居所地,为其主营业地。"A项正确。

5. 经常居住于中国的英国公民迈克,乘坐甲国某航空公司航班从甲国出发,前往中国,途经乙国领空时,飞机失去联系。若干年后,迈克的亲属向中国法院申请宣告其死亡。关于该案应适用的法律,下列哪一选项是正确的?(2014-1-36)

A. 中国法

B. 英国法

C. 甲国法

D. 乙国法

答案(②)

【考点】 宣告死亡的法律适用

【解析】《涉外民事关系法律适用法》第13条规定:"宣告失踪或者宣告死亡,适用自然人经常居所地法律。"A项正确。

6. 经常居住于英国的法国籍夫妇甲和乙,想来华共同收养某儿童。对此,下列哪一说法是正确的?(2014-1-37)

A. 甲、乙必须共同来华办理收养手续

B. 甲、乙应与送养人订立书面收养协议

C. 收养的条件应重叠适用中国法和法国法

D. 若发生收养效力纠纷,应适用中国法

答案(③)

【考点】 涉外收养的法律适用

【解析】根据《外国人在中国收养子女登记办法》第8条:"外国人来华收养子女,应当亲自来华办理登记手续。夫妻共同收养的,应当共同来华办理收养手续;一方因故不能来华的,应当书面委托另一方。"A项错误。

参考答案:①A ②A ③B

根据该办法第9条："外国人来华收养子女,应当与送养人订立书面收养协议。"B项正确。

《涉外民事关系法律适用法》第28条规定："收养的条件和手续,适用收养人和被收养人经常居所地法律。收养的效力,适用收养时收养人经常居所地法律。收养关系的解除,适用收养时被收养人经常居所地法律或者法院地法律。"据此,本题中,收养的条件应重叠适用中国法和英国法,C项错误;收养效力纠纷,应适用英国法,D项错误。

7. 甲国公民大卫被乙国某公司雇佣,该公司主营业地在丙国,大卫工作内容为巡回于东亚地区进行产品售后服务,后双方因劳动合同纠纷诉诸中国某法院。关于该纠纷应适用的法律,下列哪一选项是正确的?(2014-1-38)

　　A. 中国法
　　B. 甲国法
　　C. 乙国法
　　D. 丙国法

答案()①

【考点】 劳动合同的法律适用

【解析】《涉外民事关系法律适用法》第43条规定："劳动合同,适用劳动者工作地法律;难以确定劳动者工作地的,适用用人单位主营业地法律。劳务派遣,可以适用劳务派出地法律。"本题中,大卫工作地点难以确定,而用人单位主营业地在丙国,故应适用丙国法,D项正确。

8. 中国与甲国均为《关于从国外调取民事或商事证据的公约》的缔约国,现甲国法院因审理一民商事案件,需向中国请求调取证据。根据该公约及我国相关规定,下列哪一说法是正确的?(2014-1-39)

　　A. 甲国法院可将请求书交中国司法部,请求代为取证
　　B. 中国不能以该请求书不属于司法机关职权范围为由拒绝执行
　　C. 甲国驻中国领事代表可在其执行职务范围内,向中国公民取证,必要时可采取强制措施
　　D. 甲国当事人可直接在中国向有关证人获取证人证言

答案( )②

【考点】 域外取证

【解析】 根据《关于从国外调取民事或商事证据的公约》第1、2条："每一缔约国的司法机关可以根据该国的法律规定,通过请求书的方式,请求另一缔约国主管机关调取证据";"每一缔约国应指定一个中央机关负责接收来自另一缔约国司法机关的请求书,并将其转交给执行请求的主管机关"。我国指定的中央机关为我国司法部,A项正确。

根据该公约第12条,在下列情况下,可以拒绝执行请求书:(1)在执行国,该请求书的执行不属于司法机关的职权范围;(2)被请求国认为,请求书的执行将会损害其主权和安全。B项错误。

根据我国相关规定,中国允许外国在华进行领事取证,但仅限于向其本国国民取证,且不得违反

参考答案:①D　②A

中国法律,不得采取强制措施,C项错误。

根据我国相关规定,未经我国主管机关准许,任何外国当事人或其诉讼代理人都不得在我国境内自行取证,D项错误。

9. 中国甲公司与法国乙公司商谈进口特种钢材,乙公司提供了买卖该种钢材的格式合同,两国均为1980年《联合国国际货物销售合同公约》缔约国。根据相关规则,下列哪一选项是正确的?(2014-1-40)

　　A. 因两国均为公约缔约国,双方不能在合同中再选择适用其他法律
　　B. 格式合同为该领域的习惯法,对双方具有约束力
　　C. 双方可对格式合同的内容进行修改和补充
　　D. 如双方在合同中选择了贸易术语,则不再适用公约

答案(　　)①

【考点】《国际货物销售合同公约》

【解析】根据《国际货物销售合同公约》第6条:公约的适用具有任意性,双方当事人可以通过选择其他法律而排除公约的适用,也可以在合同中约定部分地适用公约或对公约内容进行修改,A项错误。

格式合同并不是合同,它只是根据合同应具备的基本内容所拟定的详细而固定的条文,印成固定的格式。从性质上讲,格式合同既不是法律,在双方签字以前也不是真正的合同,它只是一方给另一方提供的建议性的文本,在当事人签字前不具有约束力,B项错误。

经双方当事人协商,可以对格式合同中的内容进行修改、删节或补充,只有经过双方当事人同意,填写了空白项目并签字后,格式合同才能成为双方之间的有效合同,C项正确。

贸易术语和公约在内容上是相互补充的,当事人在合同中选择适用某一贸易术语,不能认为排除了公约的适用,D项错误。

10. 中国甲公司向加拿大乙公司出口一批农产品,CFR价格条件。货装船后,乙公司因始终未收到甲公司的通知,未办理保险。部分货物在途中因海上风暴毁损。根据相关规则,下列哪一选项是正确的?(2014-1-41)

　　A. 甲公司在装船后未给乙公司以充分的通知,造成乙公司漏保,因此损失应由甲公司承担
　　B. 该批农产品的风险在装港船舷转移给乙公司
　　C. 乙公司有办理保险的义务,因此损失应由乙公司承担
　　D. 海上风暴属不可抗力,乙公司只能自行承担损失

答案(　　)②

【考点】CFR

【解析】在CFR术语中,卖方装船,买方投保,因此,卖方在装船后应给买方以充分的通知;否则,由此造成买方漏保引起的货物损失应由卖方承担,A项正确,C、D项错误。

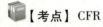

参考答案:①C　②A

关于CFR术语的风险转移,2000年通则与2010年通则不尽相同:2000年通则规定装运港船舷为界,2010年通则规定货物在装运港被装上船时风险转移。本题并未说明适用2000年通则还是2010年通则,不能一概而论风险在装港船舷转移,B项错误。

11. 甲乙丙三国企业均向中国出口某化工产品,2010年中国生产同类化工产品的企业认为进口的这一化工产品价格过低,向商务部提出了反倾销调查申请。根据相关规则,下列哪一选项是正确的?(2014-1-42)

   A. 反倾销税税额不应超过终裁决定确定的倾销幅度
   B. 反倾销税的纳税人为倾销进口产品的甲乙丙三国企业
   C. 商务部可要求甲乙丙三国企业作出价格承诺,否则不能进口
   D. 倾销进口产品来自两个以上国家,即可就倾销进口产品对国内产业造成的影响进行累积评估

答案(①)

【考点】反倾销措施

【解析】《反倾销条例》《条例》第42条规定:"反倾销税税额不超过终裁决定确定的倾销幅度。"A项正确。

《条例》第40条规定:"反倾销税的纳税人为倾销进口产品的进口经营者。"本题中,甲乙丙三国企业为该产品的出口商,B项错误。

《条例》第31条规定:"倾销进口产品的出口经营者在反倾销调查期间,可以向商务部作出改变价格或者停止以倾销价格出口的价格承诺。商务部可以向出口经营者提出价格承诺的建议。商务部不得强迫出口经营者作出价格承诺。"C项错误。

根据《条例》第9条,倾销进口产品来自两个以上国家(地区),可以就倾销进口产品对国内产业造成的影响进行累积评估,但须同时满足下列条件:"(1)来自每一国家(地区)的倾销进口产品的倾销幅度不小于2%,并且其进口量不属于可忽略不计的;(2)根据倾销进口产品之间以及倾销进口产品与国内同类产品之间的竞争条件,进行累积评估是适当的。"D项表述中忽略了两个必要条件,错误。

12. 甲国人柯里在甲国出版的小说流传到乙国后出现了利用其作品的情形,柯里认为侵犯了其版权,并诉诸乙国法院。尽管甲乙两国均为《伯尔尼公约》的缔约国,但依甲国法,此种利用作品不构成侵权,另外,甲国法要求作品要履行一定的手续才能获得保护。根据相关规则,下列哪一选项是正确的?(2014-1-43)

   A. 柯里须履行甲国法要求的手续才能在乙国得到版权保护
   B. 乙国法院可不受理该案,因作品来源国的法律不认为该行为是侵权
   C. 如该小说在甲国因宗教原因被封杀,乙国仍可予以保护
   D. 依国民待遇原则,乙国只能给予该作品与甲国相同水平的版权保护

答案(②)

参考答案:①A ②C

【考点】《伯尔尼公约》

【解析】《伯尔尼公约》确立了独立保护原则，根据公约第5条第2款：享有和行使文学艺术作品的权利，不依赖于作品在来源国是否受到保护，C项正确。

根据该原则，在手续上，如一成员国的版权法要求其国民的作品要履行一定手续才能获得保护，当作者在其他成员国要求版权保护时，其他成员国不能因作者本国要求履行手续而专门要求其也履行手续，A项错误。

在是否构成侵权上，来源国以某种方式利用作品不构成侵权，但在另一成员国以相同方式利用却构成侵权，则后一国不能因在来源国不视为侵权而拒绝受理有关侵权诉讼，B项错误。

《伯尔尼公约》确立了国民待遇原则，根据公约第5条第1款：对来自其他成员国的作品，一成员国应给予与本国国民作品相同水平的版权保护。据此，乙国应给予该作品与乙国相同水平的版权保护，D项错误。

13. 甲国人李某长期居住在乙国，并在乙国经营一家公司，在甲国则只有房屋出租。在确定纳税居民的身份上，甲国以国籍为标准，乙国以住所和居留时间为标准。根据相关规则，下列哪一选项是正确的？（2014－1－44）

A. 甲国只能对李某在甲国的房租收入行使征税权，而不能对其在乙国的收入行使征税权

B. 甲乙两国可通过双边税收协定协调居民税收管辖权的冲突

C. 如甲国和乙国对李某在乙国的收入同时征税，属于国际重叠征税

D. 甲国对李某在乙国经营公司的收入行使的是所得来源地税收管辖权

答案（　　）①

【考点】 国际税法

【解析】 居民税收管辖权，指一国政府对于本国税法上的居民纳税人来自境内及境外的全部财产和收入实行征税的权力。纳税人在该税收管辖权下要承担无限纳税义务，据此，甲国既可对李某来自甲国的收入征税，也可对其来自乙国的收入征税，A项错误。

来源地税收管辖权，指所得来源地国对非居民纳税人来源于该国境内的所得进行征税的权力。甲国对李某来自乙国的收入征税，属于居民税收管辖权，D项错误。

国际重复征税，指两个或两个以上国家各自依据自己的税收管辖权，按同一税种对同一纳税人的同一征税对象在同一征税期限内同时征税。国际重叠征税，两个或两个以上国家对同一笔所得在具有某种经济联系的不同纳税人手中各征一次税的现象，如在公司与股东之间就同一笔所得各征一次企业所得税和个人所得税。本题中，甲国和乙国对李某在乙国的收入同时征税，显然属于国际重复征税，C项错误。

国际重复征税源于税收管辖权的冲突，各国在实践中一般通过双边税收协定划分征税权，解决税收管辖权的冲突，B项正确。

参考答案：①B

二、多项选择题

14. 甲乙丙三国因历史原因,冲突不断,甲国单方面暂时关闭了驻乙国使馆。艾诺是甲国派驻丙国使馆的二秘,近日被丙国宣布为不受欢迎的人。根据相关国际法规则,下列哪些选项是正确的?(2014－1－74)

A. 甲国关闭使馆应经乙国同意后方可实现

B. 乙国驻甲国使馆可用合法手段调查甲国情况,并及时向乙国作出报告

C. 丙国宣布艾诺为不受欢迎的人,须向甲国说明理由

D. 在丙国宣布艾诺为不受欢迎的人后,如甲国不将其召回或终止其职务,则丙国可拒绝承认艾诺为甲国驻丙国使馆人员

答案( )①

【考点】 外交关系法

【解析】 在外交关系建立并互设使馆之后,由于某种原因,一国可单方面关闭使馆,甚至断绝与另一国的外交关系,无须对方同意,A项错误。

根据《外交关系公约》,使馆有调查和报告的职务,可以以一切合法的手段,调查接受国的各种情况,并及时向派遣国作出报告,B项正确。

根据《外交关系公约》,对于派遣国的使馆馆长及外交人员,接受国可以随时不加解释地宣布其为"不受欢迎的人";遇此情形,派遣国应斟酌情况召回该人员或终止其在使馆中的职务,否则,接受国可以拒绝承认该人员为使馆人员。C项错误,D项正确。

15. 甲国某公司与乙国驻甲国使馆因办公设备合同产生纠纷,并诉诸甲国法院。根据相关国际法规则,下列哪些选项是正确的?(2014－1－75)

A. 如合同中有适用甲国法律的条款,则表明乙国放弃了其管辖的豁免

B. 如乙国派代表出庭主张豁免,不意味着其默示接受了甲国的管辖

C. 如乙国在本案中提起了反诉,则是对管辖豁免的默示放弃

D. 如乙国曾接受过甲国法院的管辖,甲国法院即可管辖本案

答案( )②

【考点】 国家主权豁免

【解析】 根据2004年《国家及其财产管辖豁免公约》,一国在他国法院提起诉讼、介入诉讼或提起反诉,视为对国家主权豁免的默示放弃,C项正确。

根据该公约,下列行为不构成放弃豁免:(1)一国同意适用另一国的法律;(2)一国出庭主张豁免或主张对有待裁决财产的权利;(3)一国代表在另一国法院出庭作证;(4)一国未在另一国法院的诉讼中出庭。A项错误,B项正确。

参考答案:①BD ②BC

国家主权豁免的放弃是特定和明确的,一国对某一特定案件或事项放弃豁免权,并不意味着在今后所有案件或事项中都放弃豁免权,D项错误。

16. 甲乙丙三国为某投资公约的缔约国,甲国在参加该公约时提出了保留,乙国接受该保留,丙国反对该保留,后乙丙丁三国又签订了涉及同样事宜的新投资公约。根据《维也纳条约法公约》,下列哪些选项是正确的?(2014-1-76)

　　A. 因乙丙丁三国签订了新公约,导致甲乙丙三国原公约失效
　　B. 乙丙两国之间应适用新公约
　　C. 甲乙两国之间应适用保留修改后的原公约
　　D. 尽管丙国反对甲国在原公约中的保留,甲丙两国之间并不因此而不发生条约关系

答案（　　）①

【考点】条约的冲突、条约的保留

【解析】条约的冲突,指一国就同一事项先后参加的几个条约的规定相互矛盾,从而引起哪个条约应当优先适用。根据《维也纳条约法公约》,先后就同一事项签订的两个条约的当事国部分相同,部分不同时,在同为两条约当事国之间,适用后约优于先约的原则。本题中,乙丙同为先后两个投资公约的缔约国,两国之间应适用新公约,B项正确。

乙丙丁三国签订新公约,这只可能导致新旧条约之间的冲突,但并不导致原公约失效,A项错误。

条约的保留,指一国在签署、批准或加入条约时所作的单方声明,不论措辞如何,其目的在于排除或更改条约中某些规定对该国适用时的法律效果。关于保留的效果,根据《维也纳条约法公约》,在保留国与接受保留国之间,适用保留后的规定,C项正确。

根据《维也纳条约法公约》,在保留国与反对保留国之间,若反对保留国并不反对该条约在两国之间生效,则保留所涉及的规定,在保留的范围内,不适用于该两国之间。本题中,丙国反对甲国提出的保留,通常只是保留所涉及的规定不予适用而已,并非两国之间不发生条约关系,D项正确。

17. 中国甲公司与巴西乙公司因合同争议在中国法院提起诉讼。关于该案的法律适用,下列哪些选项是正确的?(2014-1-77)

　　A. 双方可协议选择合同争议适用的法律
　　B. 双方应在一审开庭前通过协商一致,选择合同争议适用的法律
　　C. 因法院地在中国,本案的时效问题应适用中国法
　　D. 如案件涉及中国环境安全问题,该问题应适用中国法

答案（　　）②

【考点】合同、诉讼时效的法律适用

【解析】《涉外民事关系法律适用法》第41条规定:"当事人可以协议选择合同适用的法律。当事人没有选择的,适用履行义务最能体现该合同特征的一方当事人经常居所地法律或者其他

参考答案：①BCD　②AD

与该合同有最密切联系的法律。"A 项正确。

2012 年最高院《关于适用〈涉外民事关系法律适用法〉若干问题的解释（一）》第 8 条第 1 款规定："当事人在一审法庭辩论终结前协议选择或者变更选择适用的法律的，人民法院应予准许。"选择时间为"辩论终结前"，并非"开庭前"，B 项错误。

《涉外民事关系法律适用法》第 7 条规定："诉讼时效，适用相关涉外民事关系应当适用的法律。"C 项错误。

《涉外民事关系法律适用法》第 4 条规定："中华人民共和国法律对涉外民事关系有强制性规定的，直接适用该强制性规定。"同时，根据 2012 年最高院《关于适用〈涉外民事关系法律适用法〉若干问题的解释（一）》第 10 条，涉及下列情形的法律、法规，人民法院应当认定为涉外民事关系法律适用法第 4 条规定的强制性规定："（一）涉及劳动者权益保护的；（二）涉及食品或公共卫生安全的；（三）涉及环境安全的；（四）涉及外汇管制等金融安全的；（五）涉及反垄断、反倾销的；（六）应当认定为强制性规定的其他情形。"D 项正确。

18. 德国甲公司与中国乙公司签订许可使用合同，授权乙公司在英国使用甲公司在英国获批的某项专利。后因相关纠纷诉诸中国法院。关于该案的法律适用，下列哪些选项是正确的？（2014－1－78）

A. 关于本案的定性，应适用中国法

B. 关于专利权归属的争议，应适用德国法

C. 关于专利权内容的争议，应适用英国法

D. 关于专利权侵权的争议，双方可以协议选择法律，不能达成协议，应适用与纠纷有最密切联系的法律

答案（　　）①

【考点】定性、知识产权的法律适用

【解析】《涉外民事关系法律适用法》第 8 条规定："涉外民事关系的定性，适用法院地法律。"本题中，法院地在中国，故适用中国法，A 项正确。

《涉外民事关系法律适用法》第 48 条规定："知识产权的归属和内容，适用被请求保护地法律。"本题中，专利在英国获批，被请求保护地为英国，B 项错误，C 项正确。

《涉外民事关系法律适用法》第 50 条规定："知识产权的侵权责任，适用被请求保护地法律，当事人也可以在侵权行为发生后协议选择适用法院地法律。"D 项错误。

19. 中国甲公司与外国乙公司在合同中约定，合同争议提交中国国际经济贸易仲裁委员会仲裁，仲裁地在北京。双方未约定仲裁规则及仲裁协议适用的法律。对此，下列哪些选项是正确的？（2014－1－79）

A. 如当事人对仲裁协议效力有争议，提请所选仲裁机构解决的，应在首次开庭前书面提出

B. 如当事人将仲裁协议效力的争议诉至中国法院，应适用中国法

C. 如仲裁协议有效，应适用中国国际经济贸易仲裁委员会的仲裁规则仲裁

参考答案：① AC

D. 如仲裁协议有效,仲裁中申请人可申请更改仲裁请求,仲裁庭不能拒绝

答案( )①

【考点】国际商事仲裁

【解析】《仲裁法》第20条规定:"当事人对仲裁协议的效力有异议的,可以请求仲裁委员会作出决定或者请求人民法院作出裁定。一方请求仲裁委员会作出决定,另一方请求人民法院作出裁定的,由人民法院裁定。当事人对仲裁协议的效力有异议,应当在仲裁庭首次开庭前提出。"A项正确。

《涉外民事关系法律适用法》第18条规定:"当事人可以协议选择仲裁协议适用的法律。当事人没有选择的,适用仲裁机构所在地法律或者仲裁地法律。"仲裁机构与仲裁地均在中国,应适用中国法,B项正确。

根据《中国国际经济贸易仲裁委员会仲裁规则(2012版)》第4条第2款:当事人约定将争议提交中国国际经济贸易仲裁委员会仲裁的,视为同意按照中国国际经济贸易仲裁委员会的仲裁规则仲裁进行仲裁,C项正确。

该仲裁规则第16条规定:"申请人可以申请对其仲裁请求进行更改,被申请人也可以申请对其反请求进行更改;但是仲裁庭认为其提出更改的时间过迟而影响仲裁程序正常进行的,可以拒绝其更改请求。"D项错误。

20. 中国甲公司与德国乙公司签订了出口红枣的合同,约定品质为二级,信用证方式支付。后因库存二级红枣缺货,甲公司自行改装一级红枣,虽发票注明品质为一级,货价仍以二级计收。但在银行办理结汇时遭拒付。根据相关公约和惯例,下列哪些选项是正确的?(2014-1-80)

A. 甲公司应承担交货不符的责任
B. 银行应在审查货物的真实等级后再决定是否收单付款
C. 银行可以发票与信用证不符为由拒绝收单付款
D. 银行应对单据记载的发货人甲公司的诚信负责

答案( )②

【考点】《联合国国际货物销售合同公约》、信用证

【解析】根据《联合国国际货物销售合同公约》第35条,卖方必须保证其交付的货物与合同的规定相符,本题中,合同约定货物品质为二级,而交付货物为一级,卖方应承担交货不符的责任,A项正确。

根据UCP600第5条,银行处理的是单据,而不是单据所涉及的货物、服务或其他行为,B项错误。

根据UCP600第14条,银行在处理单据时应遵循单证表面相符原则,交单相符才应付款,单证不符时银行可以拒付,C项正确。

根据UCP600第34条,银行对发货人、承运人、货运代理人、收货人、货物的保险人或其他任何人的诚信与否、作为或不作为、清偿能力、履约或资信状况,概不负责,D项错误。

21. 两批化妆品从韩国由大洋公司"清田"号货轮运到中国,适用《海牙规则》,货物投保了平安险。第一批货物因"清田"号过失与他船相碰致部分货物受损,第二批货物收货人在持正本提单提货时,发现已被他人提走。争议诉至中国某法院。根据相关规则及司法解释,下列哪些选项是正确

参考答案:①ABC ②AC

的?(2014—1—81)

A. 第一批货物受损虽由"清田"号过失碰撞所致,但承运人仍可免责
B. 碰撞导致第一批货物的损失属于保险公司赔偿的范围
C. 大洋公司应承担第二批货物无正本提单放货的责任,但可限制责任
D. 大洋公司对第二批货物的赔偿范围限于货物的价值加运费

答案(①)

【考点】国际货物运输与保险、无正本提单交付货物问题

【解析】根据《海牙规则》第4条:对于船长、船员、引航员或承运人的受雇人员在驾驶船舶或管理船舶上的行为、疏忽或过失引起的货物损坏或灭失,承运人可以免责,A项正确。

在平安险下,由于运输工具遭受搁浅、触礁、沉没、互撞、与流冰或其他物体碰撞以及失火、爆炸等意外事故造成货物的全部或部分损失,属于保险公司的承保范围,B项正确。

2009年最高院《关于审理无正本提单交付货物案件适用法律若干问题的规定》第4条规定:"承运人因无正本提单交付货物承担民事责任的,不适用海商法第56条关于限制赔偿责任的规定。"C项错误。

该《规定》第6条规定:"承运人因无正本提单交付货物造成正本提单持有人损失的赔偿额,按照货物装船时的价值加运费和保险费计算。"D项错误。

22. 根据《中华人民共和国反补贴条例》,下列哪些选项属于补贴?(2014—1—82)

A. 出口国政府出资兴建通向口岸的高速公路
B. 出口国政府给予企业的免税优惠
C. 出口国政府提供的贷款
D. 出口国政府通过向筹资机构付款,转而向企业提供资金

答案(②)

【考点】反补贴措施

【解析】《反补贴条例》第3条规定:"补贴,是指出口国(地区)政府或者其任何公共机构提供的并为接受者带来利益的财政资助以及任何形式的收入或者价格支持";"财政资助,包括:(一)出口国(地区)政府以拨款、贷款、资本注入等形式直接提供资金,或者以贷款担保等形式潜在地直接转让资金或者债务;(二)出口国(地区)政府放弃或者不收缴应收收入;(三)出口国(地区)政府提供除一般基础设施以外的货物、服务,或者由出口国(地区)政府购买货物;(四)出口国(地区)政府通过向筹资机构付款,或者委托、指令私营机构履行上述职能。"据此,B、C、D项属于补贴。

三、不定项选择题

23. 甲乙两国就海洋的划界一直存在争端,甲国在签署《联合国海洋法公约》时以书面声明选择了海洋法法庭的管辖权,乙国在加入公约时没有此项选择管辖的声明,但希望争端通过多种途径解

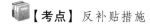

参考答案:①AB   ②BCD

决。根据相关国际法规则,下列选项正确的是:(2014-1-97)

A. 海洋法法庭的设立不排除国际法院对海洋活动争端的管辖

B. 海洋法法庭因甲国单方选择管辖的声明而对该争端具有管辖权

C. 如甲乙两国选择以协商解决争端,除特别约定,两国一般没有达成有拘束力的协议的义务

D. 如丙国成为双方争端的调停国,则应对调停的失败承担法律后果

答案(　　)①

【考点】 国际争端解决

【解析】海洋法法庭的建立,不排除国际法院对海洋活动争端的管辖,争端当事国可以自愿选择将海洋争端交由哪个机构来审理,A项正确。

海洋法法庭管辖权具有强制管辖性质,一国可以自由用书面声明方式选择海洋法法庭的管辖,只有争端各方都选择了法庭程序,法庭才有管辖权,B项错误。

除非特别约定,一般地,谈判或协商的当事国没有达成有拘束力协议的义务,C项正确。

调停,指第三方以调停人的身份,就争端解决提出方案,并直接参与谈判,以协助解决争端。调停国对调停成败不承担任何法律义务或后果,D项错误。

24. 根据我国法律和司法解释,关于涉外民事关系适用的外国法律,下列说法正确的是:(2014-1-98)

A. 不能查明外国法律,适用中国法律

B. 如果中国法有强制性规定,直接适用该强制性规定

C. 外国法律的适用将损害中方当事人利益的,适用中国法

D. 外国法包括该国法律适用法

答案(　　)②

【考点】 适用冲突规范的制度

【解析】《涉外民事关系法律适用法》第10条第2款规定:"不能查明外国法律或者该国法律没有规定的,适用中华人民共和国法律。"A项正确。

该法第4条规定:"中华人民共和国法律对涉外民事关系有强制性规定的,直接适用该强制性规定。"B项正确。

该法第5条规定:"外国法律的适用将损害中华人民共和国社会公共利益的,适用中华人民共和国法律。"C项表述错误。

该法第9条规定:"涉外民事关系适用的外国法律,不包括该国的法律适用法。"D项错误。

25. 甲国公司在乙国投资建成地热公司,并向多边投资担保机构投了保。1993年,乙国因外汇大量外流采取了一系列的措施,使地热公司虽取得了收入汇出批准书,但仍无法进行货币汇兑并汇出,甲公司认为已发生了禁兑风险,并向投资担保机构要求赔偿。根据相关规则,下列选项正确的是:(2014-1-99)

参考答案:①AC　②AB

A. 乙国中央银行已批准了货币汇兑,不能认为发生了禁兑风险
B. 消极限制货币汇兑也属于货币汇兑险的范畴
C. 乙国应为发展中国家
D. 担保机构一经向甲公司赔付,即代位取得向东道国的索赔权

答案( )①

【考点】多边投资担保机构

【解析】货币汇兑风险,指由东道国的责任而采取的任何措施,使投资者无法将其投资收益兑换成可自由使用的货币,或无法将相关收益汇出东道国的风险。导致货币汇兑风险的行为,可以是东道国的积极限制行为,也可以表现为东道国的消极拖延行为,A项错误,B项正确。

根据《多边投资担保机构公约》第12条,只有向发展中国家成员领土内的投资,机构才予以担保,C项正确。

根据《多边投资担保机构公约》第18条,多边投资担保机构一经向投保人支付或同意支付赔偿,即代位取得投保人对东道国或其他债务人的索赔权,D项正确。

26. 甲乙丙三国为世界贸易组织成员,丁国不是该组织成员。关于甲国对进口立式空调和中央空调的进口关税问题,根据《关税与贸易总协定》,下列违反最惠国待遇的做法是:(2014-1-100)

A. 甲国给予来自乙国的立式空调和丙国的中央空调以不同的关税
B. 甲国给予来自乙国和丁国的立式空调以不同的进口关税
C. 因实施反倾销措施,导致从乙国进口的立式空调的关税高于从丙国进口的
D. 甲国给予来自乙丙两国的立式空调以不同的关税

答案( )②

【考点】《关税与贸易总协定》

【解析】《关税与贸易总协定》确立了最惠国待遇,其第1条第1款规定:"在对输出或输入、有关输出或输入及输出入货物的国际支付转账所征收的关税和费用方面,在征收上述关税和费用的方法方面,在输出和输入的规章手续方面,以及在本协定第3条第2款及第4款所述事项方面,一成员国对来自或运往其他国家的产品所给予的利益、优待、特权或豁免,应当立即无条件地给予来自或运往所有其他成员国的相同产品。"根据该规定,只有原产于其他成员的相同产品,才能享有最惠国待遇。A项中两种空调并非相同产品,征收不同关税没有违反最惠国待遇;而D项针对来自不同成员的相同产品征收不同关税,违反最惠国待遇。

《关税与贸易总协定》仅要求WTO成员对来自其他成员的产品给予最惠国待遇,并不要求适用于非WTO成员。B项中丁国不是WTO成员方,甲国对来自WTO成员和非成员方的产品征收不同关税,并不违反最惠国待遇。

根据《关税与贸易总协定》第2条第2款:允许对造成国内产业损害的倾销进口或补贴进口征收反倾销税或反补贴税,这属于最惠国待遇的例外之一,C项并不违反最惠国待遇的规定。

参考答案:①BCD ②D

2015年司法考试三国法真题

一、单项选择题

1. 联合国大会由全体会员国组成,具有广泛的职权。关于联合国大会,下列哪一选项是正确的?(2015-1-32)

A. 其决议具有法律拘束力

B. 表决时安理会5个常任理事国的票数多于其他会员国

C. 大会是联合国的立法机关,三分之二以上会员国同意才可以通过国际条约

D. 可以讨论《联合国宪章》范围内或联合国任何机关的任何问题,但安理会正在审议的除外

答案( )①

【考点】联合国大会

【解析】根据《联合国宪章》,大会对于联合国组织内部事务通过的决议对于会员国具有拘束力,对于其他一般事项作出的决议属于建议性质,不具有法律拘束力,A项错误。

大会表决实行会员国一国一票制,B项错误。

大会不是联合国的立法机关,而主要是一个审议和建议机关,对于一般问题的决议采取简单多数通过,对于其他重要问题的决议采取2/3多数通过,C项错误。

大会具有广泛的职权,可以讨论宪章范围内或联合国任何机关的任何问题,但安理会正在审议的除外,D项正确。

2. 甲国公民汤姆于2012年在本国故意杀人后潜逃至乙国,于2014年在乙国强奸一名妇女后又逃至中国。乙国于2015年向中国提出引渡请求。经查明,中国和乙国之间没有双边引渡条约。依相关国际法及中国法律规定,下列哪一选项是正确的?(2015-1-33)

A. 乙国的引渡请求应向中国最高人民法院提出

B. 乙国应当作出互惠的承诺

C. 最高人民法院应对乙国的引渡请求进行审查,并由审判员组成合议庭进行

参考答案:①D

D. 如乙国将汤姆引渡回本国,则在任何情况下都不得再将其转引

答案(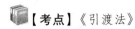)

【考点】《引渡法》

【解析】《引渡法》第10条规定:"请求国的引渡请求应当向中华人民共和国外交部提出。"A项错误。

该法第15条规定:"在没有引渡条约的情况下,请求国应当作出互惠的承诺。"B项正确。

该法第16条第2款规定:"最高人民法院指定的高级人民法院对请求国提出的引渡请求是否符合本法和引渡条约关于引渡条件等规定进行审查并作出裁定。最高人民法院对高级人民法院作出的裁定进行复核。"第22条规定:"高级人民法院根据本法和引渡条约关于引渡条件等有关规定,对请求国的引渡请求进行审查,由审判员三人组成合议庭进行。"C项错误。

根据该法第14条:如经中国同意,请求国可将该人再引渡给第三国,D项错误。

3. 甲国与乙国基于传统友好关系,兼顾公平与效率原则,同意任命德高望重并富有外交经验的丙国公民布朗作为甲乙两国的领事官员派遣至丁国。根据《维也纳领事关系公约》,下列哪一选项是正确的?(2015-1-34)

A. 布朗既非甲国公民也非乙国公民,此做法违反《公约》

B.《公约》没有限制,此做法无须征得丁国同意

C. 如丁国明示同意,此做法是被《公约》允许的

D. 如丙国与丁国均明示同意,此做法才被《公约》允许

答案(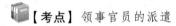)

【考点】领事官员的派遣

【解析】根据《维也纳领事关系公约》第22条,领事官员原则上应属派遣国国籍,但如果经接受国明示同意,也可委派接受国国籍的人或第三国国籍的人为领事官员,A项错误。

根据公约,派遣第三国国籍的人为领事官员,应经接受国明示同意,C项正确,B、D项错误。

4. 沙特某公司在华招聘一名中国籍雇员张某。为规避中国法律关于劳动者权益保护的强制性规定,劳动合同约定排他性地适用菲律宾法。后因劳动合同产生纠纷,张某向中国法院提起诉讼。关于该劳动合同的法律适用,下列哪一选项是正确的?(2015-1-35)

A. 适用沙特法

B. 因涉及劳动者权益保护,直接适用中国的强制性规定

C. 在沙特法、中国法与菲律宾法中选择适用对张某最有利的法律

D. 适用菲律宾法

答案(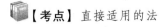)

【考点】直接适用的法

参考答案:①B　②C　③B

【解析】2012年最高院《关于适用〈中华人民共和国涉外民事关系法律适用法〉若干问题的解释(一)》第10条规定:"有下列情形之一,涉及中华人民共和国社会公共利益、当事人不能通过约定排除适用、无需通过冲突规范指引而直接适用于涉外民事关系的法律、行政法规的规定,人民法院应当认定为涉外民事关系法律适用法第四条规定的强制性规定:(一)涉及劳动者权益保护的;(二)涉及食品或公共卫生安全的;(三)涉及环境安全的;(四)涉及外汇管制等金融安全的;(五)涉及反垄断、反倾销的;(六)应当认定为强制性规定的其他情形。"B项正确。

5. 2014年1月,北京居民李某的一件珍贵首饰在家中失窃后被窃贼带至甲国。同年2月,甲国居民陈某在当地珠宝市场购得该首饰。2015年1月,在获悉陈某将该首饰带回北京拍卖的消息后,李某在北京某法院提起原物返还之诉。关于该首饰所有权的法律适用,下列哪一选项是正确的?(2015-1-36)

A. 应适用中国法

B. 应适用甲国法

C. 如李某与陈某选择适用甲国法,不应支持

D. 如李某与陈某无法就法律选择达成一致,应适用甲国法

答案(①)

【考点】动产物权的法律适用

【解析】《涉外民事关系法律适用法》第37条规定:"当事人可以协议选择动产物权适用的法律。当事人没有选择的,适用法律事实发生时动产所在地法律。"本题中,陈某在甲国珠宝市场购得该首饰,即引起物权变动的法律事实发生时该动产位于甲国,D项正确。

6. 甲国游客杰克于2015年6月在北京旅游时因过失导致北京居民孙某受重伤。现孙某在北京以杰克为被告提起侵权之诉。关于该侵权纠纷的法律适用,下列哪一选项是正确的?(2015-1-37)

A. 因侵权行为发生在中国,应直接适用中国法

B. 如当事人在开庭前协议选择适用乙国法,应予支持,但当事人应向法院提供乙国法的内容

C. 因本案仅与中国、甲国有实际联系,当事人只能在中国法与甲国法中进行选择

D. 应在中国法与甲国法中选择适用更有利于孙某的法律

答案(②)

【考点】涉外侵权的法律适用

【解析】《涉外民事关系法律适用法》第44条规定:"侵权责任,适用侵权行为地法律,但当事人有共同经常居所地的,适用共同经常居所地法律。侵权行为发生后,当事人协议选择适用法律的,按其协议。"A、D项错误。

同时,本条对当事人选择的范围并无限定,C项错误。

该法第10条第1款规定:"涉外民事关系适用的外国法律,由人民法院、仲裁机构或者行政机关

参考答案:①D ②B

查明。当事人选择适用外国法律的,应当提供该国法律。"2012年最高院《关于适用〈中华人民共和国涉外民事关系法律适用法〉若干问题的解释(一)》第8条第1款规定:"当事人在一审法庭辩论终结前协议选择或者变更选择适用的法律的,人民法院应予准许"。B项正确。

7. 2015年3月,甲国公民杰夫欲向中国法院申请承认并执行一项在甲国境内作出的仲裁裁决。中国与甲国均为《承认与执行外国仲裁裁决公约》成员国。关于该裁决的承认和执行,下列哪一选项是正确的?(2015—1—38)

A. 杰夫应通过甲国法院向被执行人住所地或其财产所在地的中级人民法院申请

B. 如该裁决系临时仲裁庭作出的裁决,人民法院不应承认与执行

C. 如承认和执行申请被裁定驳回,杰夫可向人民法院起诉

D. 如杰夫仅申请承认而未同时申请执行该裁决,人民法院可以对是否执行一并作出裁定

答案(①   )

【考点】外国仲裁裁决的承认与执行

【解析】《民事诉讼法》第283条规定:"国外仲裁机构的裁决,需要中华人民共和国人民法院承认和执行的,应当由当事人直接向被执行人住所地或者其财产所在地的中级人民法院申请,人民法院应当依照中华人民共和国缔结或者参加的国际条约,或者按照互惠原则办理。"A项错误。

2015年最高院《关于适用〈中华人民共和国民事诉讼法〉的解释》第545条规定:"对临时仲裁庭在中华人民共和国领域外作出的仲裁裁决,一方当事人向人民法院申请承认和执行的,人民法院应当依照民事诉讼法第283条规定处理。"B项错误。

该司法解释第544条第2款规定:"承认和执行申请被裁定驳回的,当事人可以向人民法院起诉。"C项正确。

司法解释第546条第2款规定:"当事人仅申请承认而未同时申请执行的,人民法院仅对应否承认进行审查并作出裁定。"D项错误。

8. 英国人施密特因合同纠纷在中国法院涉诉。关于该民事诉讼,下列哪一选项是正确的?(2015—1—39)

A. 施密特可以向人民法院提交英文书面材料,无需提供中文翻译件

B. 施密特可以委托任意一位英国出庭律师以公民代理的形式代理诉讼

C. 如施密特不在中国境内,英国驻华大使馆可以授权本馆官员为施密特聘请中国律师代理诉讼

D. 如经调解双方当事人达成协议,人民法院已制发调解书,但施密特要求发给判决书,应予拒绝

答案(②   )

【考点】国际民事诉讼

【解析】2015年最高院《关于适用〈中华人民共和国民事诉讼法〉的解释》第527条第1款

参考答案:①C   ②C

规定:"当事人向人民法院提交的书面材料是外文的,应当同时向人民法院提交中文翻译件。"A项错误。

根据该司法解释第528条,涉外民事诉讼中的"外籍当事人可以委托本国律师以非律师身份担任诉讼代理人",同时,根据《民事诉讼法》第59条、264条的规定,委托他人代为诉讼,必须向人民法院提交由委托人签名或者盖章的授权委托书;在中国领域内没有住所的外国人、无国籍人、外国企业和组织委托他人代理诉讼,从中国领域外寄交或者托交的授权委托书,需要办理公证、认证手续,或者履行中国与该所在国订立的有关条约中规定的证明手续后,才具有效力。B项错误。

该司法解释第529条规定:"涉外民事诉讼中,外国驻华使领馆授权其本馆官员,在作为当事人的本国国民不在中华人民共和国领域内的情况下,可以以外交代表身份为其本国国民在中华人民共和国聘请中华人民共和国律师或者中华人民共和国公民代理民事诉讼。"C项正确。

该司法解释第530条规定:"涉外民事诉讼中,经调解双方达成协议,应当制发调解书。当事人要求发给判决书的,可以依协议的内容制作判决书送达当事人。"D项错误。

9. 中国甲公司与法国乙公司签订了向中国进口服装的合同,价格条件CIF。货到目的港时,甲公司发现有两箱货物因包装不当途中受损,因此拒收,该货物在目的港码头又被雨淋受损。依1980年《联合国国际货物销售合同公约》及相关规则,下列哪一选项是正确的?(2015-1-40)

A. 因本合同已选择了CIF贸易术语,则不再适用《公约》

B. 在CIF条件下应由法国乙公司办理投保,故乙公司也应承担运输途中的风险

C. 因甲公司拒收货物,乙公司应承担货物在目的港码头雨淋造成的损失

D. 乙公司应承担因包装不当造成的货物损失

【答案()】①

【考点】CIF、《国际货物销售合同公约》

【解析】贸易术语和《公约》在内容上是相互补充的,如果合同中已选择适用贸易术语,不能认为排除了《公约》的适用,A项错误。

CIF术语下,货物的风险在卖方在装运港完成交货时,由卖方转移给买方,因此,运输途中的风险因其已转移至买方,应由买方中国甲公司承担,B项错误。

根据《公约》第60条,买方有义务接收货物,即使货物在目的港经检验与合同不符,买方也应收货物,而不得拒收;同时,根据《公约》第69条,如果买方不在适当时间内接收货物,则从货物交给他处置但他不收取货物从而违反合同时起,风险移转到买方承担,C项错误。

根据《公约》第35条,卖方应按合同所规定的方式装箱或包装;如合同未作规定,则应按照同类货物通用的方式装箱或包装,如果没有此种通用方式,则按照足以保全和保护货物的方式装箱或包装。对因包装不当造成的货损应由卖方承担,D项正确。

10. 青田轮承运一批啤酒花从中国运往欧洲某港,货物投保了一切险,提单上的收货人一栏写明"凭指示",因生产过程中水分过大,啤酒花到目地港时已变质。依《海牙规则》及相关保险规则,下列哪一选项是正确的?(2015-1-41)

参考答案:①D

A. 承运人没有尽到途中管货的义务,应承担货物途中变质的赔偿责任
B. 因货物投保了一切险,保险人应承担货物变质的赔偿责任
C. 本提单可通过交付进行转让
D. 承运人对啤酒花的变质可以免责

答案(①)

【考点】《海牙规则》、国际海运保险。

【解析】 本题中,货物变质并非由于承运人未尽到管货义务,而是本身水分过大所致,这属于货物的固有缺陷,承运人可以免责,A项错误,D项正确。

固有缺陷也属于保险人的免责事项,保险人无需承担责任,B项错误。

本题中的提单为指示提单,须经背书方可转让,C项错误。

11. 依最高人民法院《关于审理信用证纠纷案件若干问题的规定》,出现下列哪一情况时,不能再通过司法手段干预信用证项下的付款行为?(2015-1-42)

A. 开证行的授权人已对信用证项下票据善意地作出了承兑
B. 受益人交付的货物无价值
C. 受益人和开证申请人串通提交假单据
D. 受益人提交记载内容虚假的单据

答案(②)

【考点】信用证欺诈

【解析】2005年最高院《关于审理信用证纠纷案件若干问题的规定》第10条规定:"人民法院认定存在信用证欺诈的,应当裁定中止支付或者判决终止支付信用证项下款项,但有下列情形之一的除外:(一)开证行的指定人、授权人已按照开证行的指令善意地进行了付款;(二)开证行或者其指定人、授权人已对信用证项下票据善意地作出了承兑;(三)保兑行善意地履行了付款义务;(四)议付行善意地进行了议付。"A项正确。

同时,该规定第8条规定:"凡有下列情形之一的,应当认定存在信用证欺诈:(一)受益人伪造单据或者提交记载内容虚假的单据;(二)受益人恶意不交付货物或者交付的货物无价值;(三)受益人和开证申请人或者其他第三方串通提交假单据,而没有真实的基础交易;(四)其他进行信用证欺诈的情形。"第9条规定:"开证申请人、开证行或者其他利害关系人发现有本规定第八条的情形,并认为将会给其造成难以弥补的损害时,可以向有管辖权的人民法院申请中止支付信用证项下的款项。"可见,B、C、D项均为信用证欺诈的具体表现,相关当事人发现有此类情形,并认为将会给其造成难以弥补的损害时,可以向有管辖权的人民法院申请中止支付信用证项下的款项。

12. 进口中国的某类化工产品2015年占中国的市场份额比2014年有较大增加,经查,两年进口总量虽持平,但仍给生产同类产品的中国产业造成了严重损害。依我国相关法律,下列哪一选项是正确的?(2015-1-43)

参考答案:①D ②A

A. 受损害的中国国内产业可向商务部申请反倾销调查
B. 受损害的中国国内产业可向商务部提出采取保障措施的书面申请
C. 因为该类化工产品的进口数量并没有绝对增加，故不能采取保障措施
D. 该类化工产品的出口商可通过价格承诺避免保障措施的实施

答案（　　）①

【考点】 保障措施

【解析】《保障措施条例》第2条规定："进口产品数量增加，并对生产同类产品或者直接竞争产品的国内产业造成严重损害或者严重损害威胁的，依照本条例的规定进行调查，采取保障措施。"第3条第1款规定："与国内产业有关的自然人、法人或者其他组织，可以依照本条例的规定，向商务部提出采取保障措施的书面申请。"B项正确，A项错误。

该条例第7条规定："进口产品数量增加，是指进口产品数量的绝对增加或者与国内生产相比的相对增加。"C项错误。

与反倾销、反补贴措施不同，保障措施的实施形式包括临时保障措施（提高关税）和保障措施（提高关税、数量限制等），不包括价格承诺，D项错误。

13. 为了促进本国汽车产业，甲国出台规定，如生产的汽车使用了30％国产零部件，即可享受税收减免的优惠。依世界贸易组织的相关规则，关于该规定，下列哪一选项是正确的？（2015－1－44）

A. 违反了国民待遇原则，属于禁止使用的与贸易有关的投资措施
B. 因含有国内销售的要求，是扭曲贸易的措施
C. 有贸易平衡的要求，属于禁止的数量限制措施
D. 有外汇平衡的要求，属于禁止的投资措施

答案（　　）②

【考点】 与贸易有关的投资措施

【解析】 根据《与贸易有关的投资措施协议》，成员国不得实施与《关税与贸易总协定》第3条国民待遇和第11条取消数量限制义务不符的投资措施。（1）与国民待遇义务不符的投资措施，包括：①"当地成分要求"，要求企业在生产中必须购买或使用一定数量或比例的当地产品；②"贸易平衡要求"，要求企业购买或使用进口的数量或价值应与其出口当地产品的数量或价值相当。（2）与取消数量限制义务不符的投资措施，包括：①"通过贸易平衡限制进口"，限制企业用于当地生产或与当地生产相关的产品的进口，或将进口限制在与其出口的当地产品的数量或价值相关的水平；②"外汇平衡要求"，将企业可使用的外汇限制在与该企业外汇流入相关的水平；③"限制出口"（"国内销售要求"），限制企业产品出口的数量，或要求企业将产品以低于国际市场价格的方式在国内销售。本题中的措施显然属于当地成分要求，A项正确。

参考答案：①B　②A

二、多项选择题

14. 中国公民王某与甲国公民彼得于2013年结婚后定居甲国并在该国产下一子,取名彼得森。关于彼得森的国籍,下列哪些选项是正确的?(2015－1－75)

　A. 具有中国国籍,除非其出生时即具有甲国国籍

　B. 可以同时拥有中国国籍与甲国国籍

　C. 出生时是否具有甲国国籍,应由甲国法确定

　D. 如出生时即具有甲国国籍,其将终生无法获得中国国籍

答案()①

【考点】《国籍法》

【解析】《国籍法》第5条规定:"父母双方或一方为中国公民,本人出生在外国,具有中国国籍;但父母双方或一方为中国公民并定居在外国,本人出生时即具有外国国籍的,不具有中国国籍。"A项正确。

该法第3条规定:"中华人民共和国不承认中国公民具有双重国籍。"B项错误。

给予哪些人本国国籍,是一国的权利,根据其国内法确定,C项正确。

根据该法第7条、8条,外国人愿意遵守中国宪法和法律,可以经申请批准加入中国国籍;被批准加入中国国籍的,不得再保留外国国籍。D项错误。

15. 依据《中华人民共和国缔结条约程序法》及中国相关法律,下列哪些选项是正确的?(2015－1－76)

　A. 国务院总理与外交部长参加条约谈判,无需出具全权证书

　B. 由于中国已签署《联合国国家及其财产管辖豁免公约》,该公约对我国具有拘束力

　C. 中国缔结或参加的国际条约与中国国内法有冲突的,均优先适用国际条约

　D. 经全国人大常委会决定批准或加入的条约和重要协定,由全国人大常委会公报公布

答案(　　)②

【考点】条约的缔结

【解析】《缔结条约程序法》第6条第2款规定:"下列人员谈判、签署条约、协定,无须出具全权证书:(一)国务院总理、外交部长;(二)谈判、签署与驻在国缔结条约、协定的中华人民共和国驻该国使馆馆长,但是各方另有约定的除外;(三)谈判、签署以本部门名义缔结协定的中华人民共和国政府部门首长,但是各方另有约定的除外;(四)中华人民共和国派往国际会议或者派驻国际组织,并在该会议或者该组织内参加条约、协定谈判的代表,但是该会议另有约定或者该组织章程另有规定的除外。A项正确。

虽然中国已签署《联合国国家及其财产管辖豁免公约》,但尚未批准,所以该公约对我国还没有

参考答案:①AC　②AD

产生拘束力。B 项错误。

关于条约与国内法冲突时的优先适用问题,中国并没有统一的规定:在民商事范围内,根据《民法通则》第 142 条第 2 款的规定:"中华人民共和国缔结或者参加的国际条约同中华人民共和国的民事法律有不同规定的,适用国际条约的规定,但中华人民共和国声明保留的条款除外";在民商事范围外,条约能否优先适用,则要视法律的具体规定而定。C 项错误。

《缔结条约程序法》第 15 条规定:"经全国人民代表大会常务委员会决定批准或者加入的条约和重要协定,由全国人民代表大会常务委员会公报公布。其他条约、协定的公布办法由国务院规定。"D 项正确。

16. 在某合同纠纷中,中国当事方与甲国当事方协议选择适用乙国法,并诉至中国法院。关于该合同纠纷,下列哪些选项是正确的?(2015-1-77)

　　A. 当事人选择的乙国法,仅指该国的实体法,既不包括其冲突法,也不包括其程序法
　　B. 如乙国不同州实施不同的法律,人民法院应适用该国首都所在地的法律
　　C. 在庭审中,中国当事方以乙国与该纠纷无实际联系为由主张法律选择无效,人民法院不应支持
　　D. 当事人在一审法庭辩论即将结束时决定将选择的法律变更为甲国法,人民法院不应支持

答案(①)

【考点】合同的法律适用

【解析】在我国司法实践中,涉外民事或商事合同应适用的法律,仅指有关国家或地区的实体法,不包括冲突法和程序法。A 项正确。

《涉外民事关系法律适用法》第 6 条规定:"涉外民事关系适用外国法律,该国不同区域实施不同法律的,适用与该涉外民事关系有最密切联系区域的法律。"B 项错误。

2012 年最高院《关于适用〈中华人民共和国涉外民事关系法律适用法〉若干问题的解释(一)》第 7 条规定:"一方当事人以双方协议选择的法律与系争的涉外民事关系没有实际联系为由主张选择无效的,人民法院不予支持。"C 项正确。

该司法解释第 8 条第 1 款规定:"当事人在一审法庭辩论终结前协议选择或者变更选择适用的法律的,人民法院应予准许。"D 项错误。

17. 韩国公民金某与德国公民汉森自 2013 年 1 月起一直居住于上海,并于该年 6 月在上海结婚。2015 年 8 月,二人欲在上海解除婚姻关系。关于二人财产关系与离婚的法律适用,下列哪些选项是正确的?(2015-1-78)

　　A. 二人可约定其财产关系适用韩国法
　　B. 如诉讼离婚,应适用中国法
　　C. 如协议离婚,二人没有选择法律的,应适用中国法
　　D. 如协议离婚,二人可以在中国法、韩国法及德国法中进行选择

答案(②)

参考答案:①AC　②ABCD

【考点】婚姻关系的法律适用

【解析】《涉外民事关系法律适用法》第24条规定:"夫妻财产关系,当事人可以协议选择适用一方当事人经常居所地法律、国籍国法律或者主要财产所在地法律。当事人没有选择的,适用共同经常居所地法律;没有共同经常居所地的,适用共同国籍国法律。"A项正确。

该法第27条规定:"诉讼离婚,适用法院地法律。"B项正确。

该法第26条规定:"协议离婚,当事人可以协议选择适用一方当事人经常居所地法律或者国籍国法律。当事人没有选择的,适用共同经常居所地法律;没有共同经常居所地的,适用共同国籍国法律;没有共同国籍的,适用办理离婚手续机构所在地法律。"C、D项正确。

18. 秦某与洪某在台北因合同纠纷涉诉,被告洪某败诉。现秦某向洪某财产所在地的大陆某中级人民法院申请认可该台湾地区的民事判决。关于该判决的认可,下列哪些选项是正确的?(2015-1-79)

A. 人民法院受理秦某申请后,应当在6个月内审结

B. 受理秦某的认可申请后,作出裁定前,秦某要求撤回申请的,人民法院应当允许

C. 如人民法院裁定不予认可该判决,秦可以在裁定作出1年后再次提出申请

D. 人民法院受理申请后,如对该判决是否生效不能确定,应告知秦某提交作出判决的法院出具的证明文件

答案()①

【考点】台湾判决在内地的认可

【解析】2015年最高院《关于认可和执行台湾地区法院民事判决的规定》第14条第1款规定:"人民法院受理认可台湾地区法院民事判决的申请后,应当在立案之日起6个月内审结。有特殊情况需要延长的,报请上一级人民法院批准。"A项正确。

该规定第13条规定:"人民法院受理认可台湾地区法院民事判决的申请后,作出裁定前,申请人请求撤回申请的,可以裁定准许。"B项表述中的"应当"不能等同于"可以",严格说来,B项错误。(根据1998年最高院《关于人民法院认可台湾地区有关法院民事判决的规定》第14条规定:"人民法院受理认可申请后,作出裁定前,申请人要求撤回申请的,应当允许。"故司法部答案中,B项正确。但该规定已经被2015年7月1日起施行的最高院《关于认可和执行台湾地区法院民事判决的规定》废止,因该司法解释出台时间相对较晚,出题人出题时可能未注意到此情形,仍按照旧的司法解释出题并给予答案。)

该规定第19条规定:"对人民法院裁定不予认可的台湾地区民事判决,申请人再次提出申请的,人民法院不予受理,但申请人可以就同一争议向人民法院起诉。"C项错误。

该规定第9条第1款规定:"申请人申请认可台湾地区法院民事判决,应当提供相关证明文件,以证明该判决真实并且已经生效。"D项正确。

19. 甲、乙、丙三国均为世界贸易组织成员,甲国对进口的某类药品征收8%的国内税,而同类国

参考答案:①AD(司法部答案:ABD)

产药品的国内税为6%。针对甲国的规定,乙、丙两国向世界贸易组织提出申诉,经裁决甲国败诉,但其拒不执行。依世界贸易组织的相关规则,下列哪些选项是正确的?(2015-1-80)

  A. 甲国的行为违反了国民待遇原则

  B. 乙、丙两国可向上诉机构申请强制执行

  C. 乙、丙两国经授权可以对甲国采取中止减让的报复措施

  D. 乙、丙两国的报复措施只限于在同种产品上使用

📖 答案(　　)①

📚【考点】《关税与贸易总协定》国民待遇、WTO争端解决

📖【解析】《关税与贸易总协定》中的国民待遇,指外国进口产品所享受的待遇不低于本国同类产品、直接竞争或替代产品所享受的待遇。本题中,甲国对进口产品所征税率高于国内同类产品,显然违反国民待遇,A项正确。

根据WTO争端解决机制,如被诉方未能实施裁决,双方应就双方均可接受的补偿进行谈判,如未能达成满意的补偿,申诉方可向争端解决机构申请授权报复,对被诉方中止减让或中止其他义务,C项正确,B项错误。

报复首先应在受损的相同部门实施(平行报复);如对相同部门中止减让或中止其他义务不可行或无效,可以对同一协议项下的其他部门实施(跨部门报复);如对同一协议项下的其他部门中止减让或中止其他义务不可行或无效,可寻求在另一协议项下进行实施(跨协议报复)。D项错误。

20. 香槟是法国地名,中国某企业为了推广其葡萄酒产品,拟为该产品注册"香槟"商标。依《与贸易有关的知识产权协议》,下列哪些选项是正确的?(2015-1-81)

  A. 只要该企业有关"香槟"的商标注册申请在先,商标局就可以为其注册

  B. 如该注册足以使公众对该产品的来源误认,则应拒绝注册

  C. 如该企业是在利用香槟这一地理标志进行暗示,则应拒绝注册

  D. 如允许来自法国香槟的酒产品注册"香槟"的商标,而不允许中国企业注册该商标,则违反了国民待遇原则

📖 答案(　　)②

📚【考点】《与贸易有关的知识产权协议》

📖【解析】根据《与贸易有关的知识产权协议》第22条第2款,在商品的设计和外观上,以在商品地理标志上误导公众的方式标志或暗示该商品原产于并非其真正原产地的某个地理区域,各成员方应通过法律手段以阻止;根据该条第3款,若某种商品不产自某个地理标志所指的地域,而其商标又包含了该地理标志或由其组成,如果该商品商标中的该标志具有在商品原产地方面误导公众的性质,则成员方在其法律许可的条件下或应利益方之请求应拒绝或注销该商标的注册。B、C项正确,A项错误。

"香槟"是法国地名,因此如允许来自法国香槟的酒产品注册"香槟"的商标,并不会构成对地理

参考答案:①AC　②BC

70

标志权的侵害,但如果允许中国企业注册该商标,就可能导致消费者误认,这与国民待遇无关,D项错误。

21. 为了完成会计师事务所交办的涉及中国某项目的财务会计报告,永居甲国的甲国人里德来到中国工作半年多,圆满完成报告并获得了相应的报酬。依相关法律规则,下列哪些选项是正确的?(2015－1－82)

A. 里德是甲国人,中国不能对其征税
B. 因里德在中国停留超过了183天,中国对其可从源征税
C. 如中国已对里德征税,则甲国在任何情况下均不得对里德征税
D. 如里德被甲国认定为纳税居民,则应对甲国承担无限纳税义务

答案(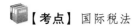)①

【考点】国际税法

【解析】里德虽是甲国人,但其所得来源于中国,中国可根据来源地税收管辖权对其所得征税,A项错误。

劳务所得,包括独立个人劳务所得和非独立个人劳务所得。独立个人劳务所得,指个人独立从事独立性专业活动所取得的收入,本题中即属独立个人劳务所得。根据我国对外签订的税收协定,对于独立个人劳务所得,通常由居住国行使征税权,但如取得独立劳务所得的个人在来源国设有固定基地或者连续或累计停留超过183天,则应由来源国征税,B项正确。

里德为甲国纳税居民,即使中国已对其征税,甲国仍可根据居民税收管辖权对其征税,C项错误。

在居民税收管辖权下,纳税人承担无限纳税义务,要就来自境内外的全部财产和收入缴税,D项正确。

参考答案:①BD

2016年司法考试三国法真题

一、单项选择题

1. 联合国会员国甲国出兵侵略另一会员国。联合国安理会召开紧急会议,讨论制止甲国侵略的决议案,并进行表决。表决结果为:常任理事国4票赞成、1票弃权;非常任理事国8票赞成、2票否决。据此,下列哪一选项是正确的?(2016-1-32)

　　A. 决议因有常任理事国投弃权票而不能通过
　　B. 决议因非常任理事国两票否决而不能通过
　　C. 投票结果达到了安理会对实质性问题表决通过的要求
　　D. 安理会为制止侵略行为的决议获简单多数赞成票即可通过

答案(①)

【解析】本题考查安理会的表决制度。安理会的表决事项分为程序性事项和非程序性事项。(1)对于程序性事项,安理会中只要有9个同意票即可通过。(2)非程序性事项,也叫做实质性事项,其通过要满足"大国一致原则":第一,同意票必须达到9票;第二,不得有常任理事国的反对票;第三,常任理事国的弃权或缺席不影响决议的通过。常见的"非程序性事项"包括:(1)和平解决国际争端及采取有关行动;(2)向大会推荐接纳新会员国或秘书长人选;(3)建议中止会员国权利或开除会籍。

本题中,"制止甲国侵略的决议案"属于上述第一类非程序性事项,对此,常任理事国的弃权不影响决议的通过,A项错误。对于非程序性事项,常任理事国拥有否决权,非常任理事国并不享有否决权,B项错误。本题中,共12票赞成(已达到9票),且没有常任理事国投反对票,常任理事国的1票弃权不影响决议的通过,符合"大国一致原则",决议可以通过,C项正确。制止侵略行为的决议属非程序性事项,须满足上述"大国一致原则",仅简单多数赞成不能通过,D项错误。

2. 甲乙两国边界附近爆发部落武装冲突,致两国界标被毁,甲国一些边民趁乱偷渡至乙国境内。依相关国际法规则,下列哪一选项是正确的?(2016-1-33)

　　A. 甲国发现界标被毁后应尽速修复或重建,无需通知乙国

参考答案:①C

B. 只有甲国边境管理部门才能处理偷渡到乙国的甲国公民

C. 偷渡到乙国的甲国公民,仅能由乙国边境管理部门处理

D. 甲乙两国对界标的维护负有共同责任

答案( )①

【解析】 本题考查边境制度。对于界标的维护,在已设界标边界线上,相邻国家对界标的维护负有共同责任,应使界标的位置、形状、型号和颜色符合边界文件中规定的一切要求,D项正确;双方应采取必要措施防止界标被移动、损坏或灭失,若一方发现上述情况,应尽快通知另一方,在双方代表在场的情况下修复或重建,A项错误。对于边境事件的处理,相邻国家通常通过协议,由双方代表成立处理边境地区事项的机构,专门处理边境和边民有关的问题,如偷渡、违章越界、损害界标等事项。本题中,对于偷渡问题应由甲乙两国成立的共同机构进行管理,B、C项错误。

3. 关于国际法院,依《国际法院规约》,下列哪一选项是正确的? (2016-1-34)

A. 安理会常任理事国对法官选举拥有一票否决权

B. 国际法院是联合国的司法机关,有诉讼管辖和咨询管辖两项职权

C. 联合国秘书长可就执行其职务中的任何法律问题请求国际法院发表咨询意见

D. 国际法院做出判决后,如当事国不服,可向联合国大会上诉

答案( )②

【解析】 本题考查国际法院。国际法院的法官在联合国大会和安理会中分别独立进行选举,只有在两个机关同时获得绝对多数票方可当选,安理会常任理事国对法官选举没有否决权,A项错误。国际法院是联合国的司法机关,具有诉讼管辖(受理有关国家提起的诉讼)和咨询管辖(向某些主体提供法律咨询)两项职权,B项正确。对于咨询管辖,联合国大会、大会临时委员会、安理会、经社理事会、托管理事会等以及经大会授权的联合国专门机构或其他机构,可以请求国际法院发表咨询意见,而任何国家、团体、个人包括联合国秘书长,都无权请求法院发表咨询意见,C项错误。国际法院的判决具有终局性,一经作出即对当事国产生拘束力,当事国必须履行,如一方拒不履行判决,他方可向安理会提出申诉,安理会可以作出建议或决定采取措施执行判决,D项错误。

4. 经常居所同在上海的越南公民阮某与中国公民李某结伴乘新加坡籍客轮从新加坡到印度游玩。客轮在公海遇风暴沉没,两人失踪。现两人亲属在上海某法院起诉,请求宣告两人失踪。依中国法律规定,下列哪一选项是正确的? (2016-1-35)

A. 宣告两人失踪,均应适用中国法

B. 宣告阮某失踪,可适用中国法或越南法

C. 宣告李某失踪,可适用中国法或新加坡法

D. 宣告阮某与李某失踪,应分别适用越南法与中国法

答案( )③

【解析】 本题考查宣告失踪的法律适用。《涉外民事关系法律适用法》第13条规定:"宣

参考答案:①D ②B ③A

失踪或者宣告死亡,适用自然人经常居所地法律。"本题中,阮某和李某的经常居所均在中国上海,故宣告两人失踪均应适用中国法,A项正确。

5. 英国公民苏珊来华短期旅游,因疏忽多付房费1000元,苏珊要求旅店返还遭拒后,将其诉至中国某法院。关于该纠纷的法律适用,下列哪一选项是正确的?(2016-1-36)

　　A. 因与苏珊发生争议的旅店位于中国,因此只能适用中国法
　　B. 当事人可协议选择适用瑞士法
　　C. 应适用中国法和英国法
　　D. 应在英国法与中国法中选择适用对苏珊有利的法律

答案(①)

【解析】 本题考查不当得利的法律适用。《涉外民事关系法律适用法》第47条规定:"不当得利、无因管理,适用当事人协议选择适用的法律。当事人没有选择的,适用当事人共同经常居所地法律;没有共同经常居所地的,适用不当得利、无因管理发生地法律。"根据该条,对于不当得利的法律适用,当事人有选择的首先要依其选择,没有选择的,才考虑适用共同经常居所地法或不当得利发生地法,B项正确,A、C、D项错误。

6. 经常居所在汉堡的德国公民贝克与经常居所在上海的中国公民李某打算在中国结婚。关于贝克与李某结婚,依《涉外民事关系法律适用法》,下列哪一选项是正确的?(2016-1-37)

　　A. 两人的婚龄适用中国法
　　B. 结婚的手续适用中国法
　　C. 结婚的所有事项均适用中国法
　　D. 结婚的条件同时适用中国法与德国法

答案(②)

【解析】 本题考查涉外结婚的法律适用。结婚条件,即结婚实质要件,指婚姻双方当事人缔结有效婚姻必须满足的实体条件,如结婚意思表示真实、符合法定婚龄、未患有法定禁止结婚的疾病等。法定婚龄属结婚条件范畴,对此,《涉外民事关系法律适用法》第21条规定:"结婚条件,适用当事人共同经常居所地法律;没有共同经常居所地的,适用共同国籍国法律;没有共同国籍,在一方当事人经常居所地或者国籍国缔结婚姻的,适用婚姻缔结地法律。"本题中,当事人没有共同经常居所,也没有共同国籍,而在一方经常居所地(中国)结婚,故结婚条件应适用婚姻缔结地法,即中国法,A项正确,D项错误。结婚手续,即结婚形式要件,指婚姻关系成立应当履行的法定程序。对此,《涉外民事关系法律适用法》第22条规定:"结婚手续,符合婚姻缔结地法律、一方当事人经常居所地法律或者国籍国法律的,均为有效。"本题中,双方的经常居所地和国籍国分别为德国和中国,婚姻缔结地在中国,故结婚手续符合中国法或德国法,均为有效,B项错误。从上述分析也可看出,结婚相关事项所适用的法律并不相同,C项错误。

7. 俄罗斯公民萨沙来华与中国公民韩某签订一份设备买卖合同。后因履约纠纷韩某将萨沙诉至中国某法院。经查,萨沙在中国境内没有可供扣押的财产,亦无居所;该套设备位于中国境内。

参考答案:①B　②A

关于本案的管辖权与法律适用,依中国法律规定,下列哪一选项是正确的?(2016—1—38)

  A. 中国法院没有管辖权

  B. 韩某可在该套设备所在地或合同签订地法院起诉

  C. 韩某只能在其住所地法院起诉

  D. 萨沙与韩某只能选择适用中国法或俄罗斯法

答案(①)

【解析】 本题考查国际民商事管辖和合同的法律适用。《民事诉讼法》第265条规定:"因合同纠纷或者其他财产权益纠纷,对在中华人民共和国领域内没有住所的被告提起的诉讼,如果合同在中华人民共和国领域内签订或者履行,或者诉讼标的物在中华人民共和国领域内,或者被告在中华人民共和国领域内有可供扣押的财产,或者被告在中华人民共和国领域内设有代表机构,可以由合同签订地、合同履行地、诉讼标的物所在地、可供扣押财产所在地、侵权行为地或者代表机构住所地人民法院管辖。"本题中,虽然当事人在中国境内没有可供扣押的财产,亦无居所,但合同在中国领域内签订,同时诉讼标的物在中国境内,故中国法院有权管辖,A项错误。根据该条,此类案件可以由合同签订地或诉讼标的物所在地法院管辖,B项正确,C项错误。

  对于合同的法律适用,《涉外民事关系法律适用法》第41条规定:"当事人可以协议选择合同适用的法律。当事人没有选择的,适用履行义务最能体现该合同特征的一方当事人经常居所地法律或者其他与该合同有最密切联系的法律。"对于可选择的法律,最高院《关于适用〈中华人民共和国涉外民事关系法律适用法〉若干问题的解释(一)》第7条规定:"一方当事人以双方协议选择的法律与系争的涉外民事关系没有实际联系为由主张选择无效的,人民法院不予支持。"可见,当事人选择的法律不一定要与合同有实际联系,本题中可选择的法律并不仅限于中国法或俄罗斯法,D项错误。

  8. 蒙古公民高娃因民事纠纷在蒙古某法院涉诉。因高娃在北京居住,该蒙古法院欲通过蒙古驻华使馆将传票送达高娃,并向其调查取证。依中国法律规定,下列哪一选项是正确的?(2016—1—39)

  A. 蒙古驻华使馆可向高娃送达传票

  B. 蒙古驻华使馆不得向高娃调查取证

  C. 只有经中国外交部同意后,蒙古驻华使馆才能向高娃送达传票

  D. 蒙古驻华使馆可向高娃调查取证并在必要时采取强制措施

答案(②)

【解析】 本题考查域外送达和域外取证。对于外国法院向在我国的受送达人送达,外国驻我国使领馆可以向其本国公民送达文书,但不得违反我国法律,不得对当事人采取强制措施,A项正确。使领馆途径送达无须外交部同意,C项错误。对于向在我国的当事人取证,我国允许领事取证的方式,即外国驻华使领馆可直接向其在华的本国公民调查取证,但同样不得违反我国法律,不得对当事人采取强制措施,B、D项错误。

  9. 中国甲公司与德国乙公司签订了进口设备合同,分三批运输。两批顺利履约后乙公司得知

参考答案:①B ②A

· 75 ·

甲公司履约能力出现严重问题,便中止了第三批的发运。依《国际货物销售合同公约》,下列哪一选项是正确的?（2016－1－40）

  A. 如已履约的进口设备在使用中引起人身伤亡,则应依公约的规定进行处理

  B. 乙公司中止发运第三批设备必须通知甲公司

  C. 乙公司在任何情况下均不应中止发运第三批设备

  D. 如甲公司向乙公司提供了充分的履约担保,乙公司可依情况决定是否继续发运第三批设备

答案（　　）①

【解析】 本题考查《国际货物销售合同公约》。下列问题由于各国法律规定分歧较大,难以统一,《国际货物销售合同公约》没有涉及:(1)有关销售合同的效力或惯例的效力;(2)所有权转移问题;(3)货物引起的人身伤亡责任。A项错误。预期违反合同,指合同订立后,履行期到来前,一方明示拒绝履行合同,或通过其行为推断其将不履行。根据公约,如果被中止方的行为表明他将不能履行合同中的大部分重要义务,则合同一方可以中止履行义务,C项错误;无论货物发运前还是发运后,中止履行的一方必须通知另一方,B项正确;如另一方对履行义务提供了充分保证,则中止履行的一方必须继续履行,D项错误。

10. 中国甲公司与法国乙公司订立了服装进口合同,信用证付款,丙银行保兑。货物由"铂丽"号承运,投保了平安险。甲公司知悉货物途中遇台风全损后,即通知开证行停止付款。依《海牙规则》、UCP600号及相关规则,下列哪一选项是正确的?（2016－1－41）

  A. 承运人应承担赔偿甲公司货损的责任

  B. 开证行可拒付,因货已全损

  C. 保险公司应赔偿甲公司货物的损失

  D. 丙银行可因开证行拒付而撤销其保兑

答案（　　）②

【解析】 本题考查海洋货物运输与保险以及信用证。遭遇台风属于自然灾害,根据《海牙规则》,对于自然灾害造成的损失,承运人可以免责,A项错误。本题中,货物投保的是平安险,在平安险下,自然灾害造成的全部损失属于保险公司的承保范围,C项正确。根据UCP600第4条所确立的信用证独立原则,就性质而言,信用证与可能作为其依据的销售合同或其他合同是相互独立的交易,不允许银行以买方与卖方之间对有关基础合同履行的争议,作为不付款、少付款或延期付款的理由;也不允许买方以其与卖方之间的合同履行方面的争议为理由,限制银行向受益人付款,B项错误。保兑信用证,指经另一家银行加以保证兑付的信用证。在保兑信用证下,保兑行的责任相当于本身开证,无论开证行发生什么变化、是否承担兑付责任,保兑行都不得单方面撤销其保兑,D项错误。

11. 应国内化工产业的申请,中国商务部对来自甲国的某化工产品进行了反倾销调查。依《反倾销条例》,下列哪一选项是正确的?（2016－1－42）

  A. 商务部的调查只能限于中国境内

参考答案:①B　②C

B. 反倾销税税额不应超过终裁确定的倾销幅度
C. 甲国某化工产品的出口经营者必须接受商务部有关价格承诺的建议
D. 针对甲国某化工产品的反倾销税征收期限为5年,不得延长

答案(B)①

【解析】 本题考查反倾销。《反倾销条例》第20条第3款规定:"商务部认为必要时,可以派出工作人员赴有关国家(地区)进行调查;但是,有关国家(地区)提出异议的除外。"A项错误。该条例第42条规定:"反倾销税税额不超过终裁决定确定的倾销幅度。"B项正确。该条例第31条规定:"倾销进口产品的出口经营者在反倾销调查期间,可以向商务部作出改变价格或者停止以倾销价格出口的价格承诺。商务部可以向出口经营者提出价格承诺的建议。商务部不得强迫出口经营者作出价格承诺。"C项错误。该条例第48条规定:"反倾销税的征收期限和价格承诺的履行期限不超过5年;但是,经复审确定终止征收反倾销税有可能导致倾销和损害的继续或者再度发生,反倾销税的征收期限可以适当延长。"D项错误。

12. 中国甲公司与德国乙公司签订了一项新技术许可协议,规定在约定期间内,甲公司在亚太区独占使用乙公司的该项新技术。依相关规则,下列哪一选项是正确的?(2016-1-43)
    A. 在约定期间内,乙公司在亚太区不能再使用该项新技术
    B. 乙公司在全球均不能再使用该项新技术
    C. 乙公司不能再将该项新技术允许另一家公司在德国使用
    D. 乙公司在德国也不能再使用该项新技术

答案(A)②

【解析】 本题考查国际知识产权许可协议。国际知识产权许可协议,指知识产权出让方将其知识产权的使用权在一定条件下跨越国境让渡给知识产权受让方,由受让方支付使用费的合同。依许可权利的大小不同,国际知识产权许可协议可以分为独占许可、排他许可和普通许可。(1)独占许可协议,指在协议约定的时间及地域内,许可方授予被许可方技术的独占使用权,许可方不能在该时间及地域范围内再使用该项出让的技术,也不能将该技术使用权另行转让给第三方。(2)排他许可协议,是指在协议约定的时间及地域内,被许可方拥有受让技术的使用权,许可方仍保留在该时间和地域内对该项技术的使用权,但不能将该项技术使用权另行转让给第三方。(3)普通许可协议,是指在协议规定的时间内,被许可方拥有受让技术的使用权,许可方仍保留在该时间和地域内对该项技术的使用权,且能将该项技术使用权另行转让给第三方,即被许可方、许可方和第三方都可使用该项技术。本题涉及独占许可,协议约定的区域为亚太地区,许可方乙公司仅在该区域内不得再使用该项技术,也不能将该技术使用权另行转让给第三方,但并不妨碍乙公司在其他地区使用该项技术或转让给另一家公司在其他地区使用,A项正确,B、C、D项错误。

13. 甲国T公司与乙国政府签约在乙国建设自来水厂,并向多边投资担保机构投保。依相关规则,下列哪一选项是正确的?(2016-1-44)
    A. 乙国货币大幅贬值造成T公司损失,属货币汇兑险的范畴

B. 工人罢工影响了自来水厂的正常营运,属战争内乱险的范畴
C. 乙国新所得税法致T公司所得税增加,属征收和类似措施险的范畴
D. 乙国政府不履行与T公司签订的合同,乙国法院又拒绝受理相关诉讼,属政府违约险的范畴

答案（　　）①

【解析】 本题考查多边投资担保机构。多边投资担保机构主要承保货币汇兑险、征收和类似措施险、战争与内乱险、政府违约险四类风险,此外,应投资者与东道国联合申请,并经机构董事会特别多数票通过,承保范围还可扩大到上述险别以外的其他非商业风险。(1)货币汇兑险,承保由于东道国采取的任何措施,限制将货币兑换成可自由使用的货币或汇出东道国的风险,货币贬值不属于货币汇兑险的范畴,A项错误。(2)征收和类似措施险,承保由于东道国政府采取的任何立法或措施,剥夺了投资者对其投资的所有权或控制权,或剥夺了其投资中产生的大量收益的风险。东道国为了管辖境内的经济活动而采取的普遍适用的措施,如本题中乙国制定新的税法导致企业所得税的增加,不应被视为征收措施,C项错误。(3)战争与内乱险,承保因影响投资项目的战争或内乱而导致的风险。这里的"内乱"须具有政治目的,通常指直接针对政府的、为推翻政府或将该政府驱逐出特定地区的有组织的暴力活动。有关内乱必须是由追求广泛的政治或思想目标的集团所引起或实施的,包括革命、暴乱、政变等,但单纯的为促进工人、学生或其他特别群体利益所采取的行动,以及具体针对投保人的恐怖主义行为、绑架或类似行为,不能视为内乱,B项错误。(4)政府违约险,承保因东道国政府违反其与投资者签订的合同,且投资者无法求助于司法或仲裁部门作出裁决,或司法或仲裁部门未能在合理期限内作出裁决,或者有这样的裁决而不能实施,D项正确。

二、多项选择题

14. 关于领土的合法取得,依当代国际法,下列哪些选项是正确的?(2016－1－75)

A. 甲国围海造田,未对他国造成影响
B. 乙国囤兵邻国边境,邻国被迫与其签订条约割让部分领土
C. 丙国与其邻国经平等协商,将各自边界的部分领土相互交换
D. 丁国最近二十年派兵持续控制其邻国部分领土,并对外宣称拥有主权

答案（　　）②

【解析】 本题考查领土的取得方式。添附,是由于自然形成或人造的新土地出现而使得国家领土增加,既包括河口的三角洲、涨滩等自然添附,也包括围海造田等人工添附,人工添附在不损害他国利益的条件下符合国际法,A项正确。割让,指一国根据条约将部分领土转移给另一国,分为强制割让和非强制割让。强制割让,即一国通过武力迫使他国割让领土,是战争或胁迫的结果,违反国际法,B项错误。非强制割让,即国家自愿通过条约将部分领土转移给他国,包括领土的买卖、赠与及互换等,非强制割让合法有效,C项正确。时效。指由于国家公开地、不受干扰地、长期占有他国领土,从而获得该领土的主权。通过时效取得他国领土的条件之一是"不受干扰地"占有,即占

参考答案: ①D　②AC

有的事实得到被占国的默认;同时,对于取得时效期限,国际法上没有明确的规定。D项没有说明丁国的占领是否得到被占国的默认,20年的占领期限也不能成为其取得领土的合法依据,D项错误。

15. "青田"号是甲国的货轮、"前进"号是乙国的油轮、"阳光"号是丙国的科考船,三船通过丁国领海。依《联合国海洋法公约》,下列哪些选项是正确的?(2016—1—76)

　　A. 丁国有关对油轮实行分道航行的规定是对"前进"号油轮的歧视

　　B. "阳光"号在丁国领海进行测量活动是违反无害通过的

　　C. "青田"号无须事先通知或征得丁国许可即可连续不断地通过丁国领海

　　D. 丁国可以对通过其领海的外国船舶征收费用

答案(①)

【解析】本题考查领海的无害通过制度。无害通过权,指外国船舶在不损害沿海国和平安宁和正常秩序的条件下,拥有无须事先通知或征得沿海国许可而连续不断地通过其领海的权利。沿海国为了维护其秩序及权益,保证无害通过的顺利进行,可以规定海道包括对油轮、核动力船等船舶实行分道航行制,A项错误。同时,通过必须是无害的,有下列行为之一即为有害:(1)武力威胁或使用武力、军事演习、搜集情报、进行危害国防安全的宣传;(2)在船上起落飞机或任何军事装置;(3)违反沿海国有关法律规章以及上下任何商品、货币或人员;(4)故意和严重的污染行为;(5)捕鱼、研究或测量、干扰沿海国通讯系统;(6)与通过没有关系的其他任何活动。B项正确。外国船舶在无害通过一国领海时无须事先通知或征得沿海国许可,C项正确。无害通过是任何国家都拥有的一项权利,沿海国不应对此进行妨碍,不得仅以通过领海为由向外国船舶征收费用,D项错误。

16. 韩国公民金某在新加坡注册成立一家公司,主营业地设在香港地区。依中国法律规定,下列哪些选项是正确的?(2016—1—77)

　　A. 该公司为新加坡籍

　　B. 该公司拥有韩国与新加坡双重国籍

　　C. 该公司的股东权利义务适用中国内地法

　　D. 该公司的民事权利能力与行为能力可适用香港地区法或新加坡法

答案(②)

【解析】本题考查法人国籍的确定及法人能力的法律适用。对于法人的国籍,《最高人民法院关于贯彻执行〈中华人民共和国民法通则〉若干问题的意见(试行)》第184条规定:"外国法人以其注册登记地国家的法律为其本国法。"可见,我国以法人的注册登记国为其国籍国,A项正确,B项错误。对于法人的能力问题,《涉外民事关系法律适用法》第14条规定:"法人及其分支机构的民事权利能力、民事行为能力、组织机构、股东权利义务等事项,适用登记地法律。法人的主营业地与登记地不一致的,可以适用主营业地法律。法人的经常居所地,为其主营业地。"本题中,该公司的登记地在新加坡,主营业地在香港,主营业地与登记地不一致,故其民事权利能力与行为能力、股东权利义务等事项可以适用主营业地法即香港地区法,也可以适用登记地法即新加坡法,C项错误,D项正确。

参考答案:①BC　②AD

17. 经常居所在上海的瑞士公民怀特未留遗嘱死亡,怀特在上海银行存有100万元人民币,在苏黎世银行存有10万欧元,且在上海与巴黎各有一套房产。现其继承人因遗产分割纠纷诉至上海某法院。依中国法律规定,下列哪些选项是正确的?（2016-1-78）

A. 100万元人民币存款应适用中国法

B. 10万欧元存款应适用中国法

C. 上海的房产应适用中国法

D. 巴黎的房产应适用法国法

答案(　　)①

【解析】 本题考查法定继承的法律适用。《涉外民事关系法律适用法》第31条规定:"法定继承,适用被继承人死亡时经常居所地法律,但不动产法定继承,适用不动产所在地法律。"可见,对于法定继承的法律适用,我国采取"区别制"的做法,即将遗产区分为动产和不动产,动产继承适用被继承人死亡时经常居所地法,不动产继承适用不动产所在地法。本题中,被继承人在上海银行和苏黎世银行的存款均为动产,应适用被继承人死亡时经常居所地法即中国法,A、B项正确。在上海与巴黎的房产属不动产,适用不动产所在地法即中国法和法国法,C、D项正确。

18. 韩国甲公司为其产品在中韩两国注册了商标。中国乙公司擅自使用该商标生产了大量仿冒产品并销售至中韩两国。现甲公司将乙公司诉至中国某法院,要求其承担商标侵权责任。关于乙公司在中韩两国侵权责任的法律适用,依中国法律规定,下列哪些选项是正确的?（2016-1-79）

A. 双方可协议选择适用中国法

B. 均应适用中国法

C. 双方可协议选择适用韩国法

D. 如双方无法达成一致,则应分别适用中国法与韩国法

答案(　　)②

【解析】 本题考查知识产权侵权的法律适用。《涉外民事关系法律适用法》第50条规定:"知识产权的侵权责任,适用被请求保护地法律,当事人也可以在侵权行为发生后协议选择适用法院地法律。"可见,对于知识产权侵权的适用法律,当事人可以选择,但只能选择适用法院地法,本题中,法院地在中国,故A项正确,C项错误。根据该条,如双方无法达成一致,则应适用被请求保护地法,本题中,商标在中韩两国注册,被请求保护地分别为中国和韩国,D项正确。从上述分析可见,本题在不同情形下适用的法律不同,并非一律适用中国法,B项错误。

19. 中国甲公司向波兰乙公司出口一批电器,采用DAP术语,通过几个区段的国际铁路运输,承运人签发了铁路运单,货到目的地后发现有部分损坏。依相关国际惯例及《国际铁路货物联运协定》,下列哪些选项是正确的?（2016-1-80）

A. 乙公司必须确定损失发生的区段,并只能向该区段的承运人索赔

B. 铁路运单是物权凭证,乙公司可通过转让运单转让货物

C. 甲公司在指定目的地运输终端将仍处于运输工具上的货物交由乙公司处置时,即完成交货

参考答案:①ABCD　②AD

D. 各铁路区段的承运人应承担连带责任

答案（ ① ）

【解析】 本题考查DAP术语和国际铁路货物运输。铁路运单，是由铁路承运人签发的，证明铁路货物运输合同和货物已由承运人接管，以及承运人保证将货物交给指定收货人的单证。铁路运单是运输合同的证明，是铁路收取货物、承运货物的凭证，也是铁路在终点向收货人核收有关费用和交付货物的依据；但与提单不同，铁路运单不是物权凭证，不能转让，B项错误。根据《国际铁路货物联运协定》第21条：按运单承运货物的铁路，应负责完成货物的全程运输，直到在到达站交付货物时为止；每一继续运输货物的铁路，自接收附有运单的货物时起，即参加这项运输合同，并承担因此而发生的义务。可见，按运单承运货物的铁路部门应对货物负连带责任，A项错误，D项正确。DAP, Delivered at Place（目的地交货），指当卖方在指定目的地将仍处于运输工具上且已做好卸载准备的货物交由买方处置时，即完成交货，C项正确。

20. 在一国际贷款中，甲银行向贷款银行乙出具了备用信用证，后借款人丙公司称贷款协议无效，拒绝履约。乙银行向甲银行出示了丙公司的违约证明，要求甲银行付款。依相关规则，下列哪些选项是正确的？（2016－1－81）

    A. 甲银行必须对违约的事实进行审查后才能向乙银行付款
    B. 备用信用证与商业跟单信用证适用相同的国际惯例
    C. 备用信用证独立于乙银行与丙公司的国际贷款协议
    D. 即使该国际贷款协议无效，甲银行仍须承担保证责任

答案（ ② ）

【解析】 本题考查备用信用证。备用信用证，指担保人（开证行）应借款人的要求，向贷款人开出备用信用证，当贷款人向担保人出示备用信用证和借款人违约证明时，担保人须按该信用证的规定付款的一种书面承诺。备用信用证具有以下主要特征：（1）担保人是银行；（2）贷款人出具违约证明时，担保人即向贷款人付款，并不需要对违约的事实进行审查；（3）贷款协议无效时，开证行仍须承担担保责任，即备用信用证独立于贷款协议这一基础合同。备用信用证下，开证行付款并不需要对违约的事实进行审查，A项错误。备用信用证不同于商业跟单信用证：前者本质是一种融资担保，适用《国际备用信用证惯例》；后者是一种支付方式，适用《跟单信用证统一惯例》。B项错误。备用信用证具有独立性，独立于基础合同，贷款协议无效时，开证行仍须承担担保责任。C、D项正确。

21. 甲乙两国均为WTO成员，甲国纳税居民马克是甲国保险公司的大股东，马克从该保险公司在乙国的分支机构获利35万美元。依《服务贸易总协定》及相关税法规则，下列哪些选项是正确的？（2016－1－82）

    A. 甲国保险公司在乙国设立分支机构，属于商业存在的服务方式
    B. 马克对甲国承担无限纳税义务
    C. 两国均对马克的35万美元获利征税属于重叠征税

参考答案：①CD　②CD

D. 35万美元获利属于甲国人马克的所得，乙国无权对其征税

答案（　　）①

【解析】本题考查《服务贸易总协定》和国际税法。《服务贸易总协定》所列举的服务贸易的类型包括四种：(1)跨境服务，从一国境内向另一国境内提供服务，如通过电信、网络等跨境提供咨询服务；(2)境外消费，在一国境内向来自另一国的服务消费者提供服务，如一国居民到另一国境内旅游、求学等；(3)商业存在，一国的服务提供者通过在另一国境内设立的机构提供服务，如一国的机构到另一国开设银行、保险公司、律师事务所等；(4)自然人流动，一国的服务提供者以自然人的身份进入另一国境内提供服务，如一国的医生、律师到另一国境内直接提供医疗或法律咨询服务。甲国保险公司在乙国设立分支机构，显然属于商业存在，A项正确。

居民税收管辖权，指一国政府对于本国税法上的居民纳税人来自境内及境外的全部财产和收入实行征税的权力，纳税人在该税收管辖权下要承担无限纳税义务。本题中，马克为甲国纳税居民，应对甲国承担无限纳税义务，B项正确。国际重复征税，指两个或两个以上国家各自依据自己的税收管辖权，按同一税种对同一纳税人的同一征税对象在同一征税期限内同时征税。国际重叠征税，两个或两个以上国家对同一笔所得在具有某种经济联系的不同纳税人手中各征一次税的现象，如在公司与股东之间就同一笔所得各征一次企业所得税和个人所得税。本题中，甲国和乙国对马克在乙国的所得同时征税，显然属于国际重复征税，C项错误。来源地税收管辖权，指所得来源地国对非居民纳税人来源于该国境内的所得进行征税的权力。本题中，马克的所得来源于乙国，乙国可依据来源地税收管辖权对其所得征税，D项错误。

参考答案：①AB